臨床死生学研究叢書――5

希望を支える臨床生死観

窪寺俊之 編著

聖学院大学出版会

臨床死生学研究叢書　5　希望を支える臨床生死観　目次

はじめに

二〇〇六年に故平山正実教授を代表として聖学院大学総合研究所の共同研究として「臨床死生学研究」が開始されました。平山教授は精神科医として自死遺族の支援をご生涯の課題と受け止めて、研究、教育、社会活動の各方面で熱心に活動されました。その活動の根底には、心に弱さをもつ人たちと共に生きようとする平山教授の熱い思いがありました。臨床死生学研究では、研究者の集う研究会のほかに、平山教授の思いを広く知っていただくために公開講演会を開催してまいりました。

このたび、臨床死生学研究叢書５『希望を支える臨床生死観』を出版できますことを、心から感謝いたします。本書には三名の先生方のご講演が収められています。精神科医の石丸昌彦先生、聖書学者の大貫隆先生、精神科医の関根義夫先生のご講演です。また故平山正実教授の愛弟子の黒鳥偉作先生から平山教授の働きの全体像を明らかにした原著論文をいただきました。それに筆者の拙論を加えて発行できますことを、心から感謝いたします。

三人の先生方の原稿を拝読し、ご講演の時の熱気がよみがえってきて、あらためて大変新鮮な感動をもちました。ご多忙の中で講演原稿に手を加えてくださった先生方のご協力に感謝申し上げます。

石丸昌彦先生は、精神科医の臨床経験を中心として、「こころの健康とたましいの健康――死生観の回復に向けて」と題して、貴重なご講演をまとめてくださいました。石丸先生のご講演は大きく二部構成となっていました。「こころの健康とたましいの健康」と「死生観の喪失と回復」です。石丸先生は、こころの健康をメンタルヘルスの視点からお話しくださり、こころの健康には生物的な層、社会的な層、実存的な層があることをご説明くださいました。また、私たちの「良心の座を整える」場としての〈たましい〉の健康の大切さを語ってくださいました。そして、最後に死生観の回復こそ、今、私たちに求められていることであり、自殺やメンタルヘルスでは大切な課題だと語ってくださいました。心の病に苦しむ人が多くなっている今日、石丸先生のご講演は私たちの課題の一つを示してくださったもので、大変感謝いたしました。

聖書学者の大貫隆先生は、「われわれの命に再生はあるか――キリスト教の復活信仰をめぐって」と題して、聖書学の立場からご著書『イエスという経験』のメッセージを語ってくださいました。キリスト教の本質的問題であるイエスの復活信仰については、イエスの復活によって「天上の宴」に私たちは招かれていると語られて、イエスの前に生きた人たちも、これから生まれる人も「天上の宴」に招かれているとご講演いただきました。過去、現在、未来が一つになっていること、それが「全時的な今」であり、イエスを経験することだと語られました。最後に東日本大震災の犠牲者にも触れて、今まで語られてきた贖罪信仰では、この未曾有の危機を乗り越えられないと語って、「死人たちには未来がある」という復活信仰の大切さをお示しくださいました。東日本大震災ですべての日本人が心を痛めましたが、ご講演は私たちの心に光を灯してくださるものでした。

精神科医の関根義夫先生は、「信仰者にとって心の病」と題して、三人の心を病むキリスト者をご紹介くださいました。信仰者であっても心の病になることがあり、信仰が心の病の癒やしにつながることもあるが、必ずしも保障するものではないこと、また、心の病の癒やしと信仰の深さとは違うものだと教えていただきました。そして、最後に「信仰者にとって心の病は、肉の病と同じように、癒やされる場合もあり、癒やされない場合もある。しかしたとえ癒やされない場合でも、彼が救いから洩れることはない。それはたとえ彼が自ら死を選んだと思われる場合ですら、それが病によることを思えば、なおさら例外ではない」と語られました。関根先生のご講演は私たちの心の深みに届きました。

そして、今回の叢書のために、内科医の黒鳥偉作先生は、「平山正実の医療哲学――キャリーという共苦の思想」と題する貴重な論文を寄稿してくださいました。故平山正実教授に直接指導を受け、心から尊敬する恩師の業績の本質に迫る論文です。現在手に入る資料を丹念に読み込んで、平山教授の思想・哲学を明らかにしたものです。医師としての平山教授が自らをキャリーとして受け止めて患者の苦しみを共に負ったこと、自死遺族を支えるための会を起こして、自ら会長としての責任を負ったことなどに触れています。教育面で自治医科人学での「医療人間学」の講座、東洋英和女学院大学大学院での「臨床死生学」の講座など、また、聖学院大学大学院での「臨床死生学特論」の講座などにも触れています。黒鳥論文は故平山正実教授のその膨大な仕事の全貌を浮かび上がらせた非常に貴重な労作です。

最後の論文は、「臨床生死観の一考察――岸本英夫と高見順をもとにして」と題する拙論です。科学的宗教学者の岸本英夫が自身のがんとの闘いの中から生み出した生死観と作家高見順の宗教への渇きを重ね合わせて、「臨床生死観」の必要性とその特徴を考察したものです。

この叢書が臨床死生学の発展に貢献できればと願います。この叢書の出版にご協力くださった講演者の先生方、原稿執筆者の先生、聖学院大学出版会の方々に心からの感謝を申し上げます。故平山正実教授のご遺志に応えることができることを願います。

聖学院大学大学院人間福祉学研究科
窪寺　俊之

I

こころの健康とたましいの健康

――死生観の回復に向けて――

石丸　昌彦

一　はじめに

私は一九八六年に医者になりましたから、二十七年が経過しています。その間、メンタルヘルス（精神の健康）というものとかかわる中で、どうしても死生観の問題、死生学の問題を避けて通れないと考えるようになりました。なぜそう考えるにいたったかというあたりを、今日はお話しできればと思っています。

私は精神科の医者であり、現在もそれが本職です。いろいろなお導きがあって、二〇〇〇年からは東京町田にあります桜美林大学で学生の教育に当たるようになり、その後、二〇〇八年から放送大学に移りました。スタンスとしては、自分が臨床の現場で経験することを教室、教壇で学生さんたちに伝えていくというかたちですから、今でも診療ということが私のベースであるわけです。

放送大学で私が担当し、あるいは仲間とともに担当している科目がいくつかあります。

一つは「今日のメンタルヘルス」[1]。これは一般の大学ですと「精神保健学」に相当する科目です。大学院科目では、「精神医学特論」[2]があります。精神医学全般についてわかりやすく解説したものです。もう一つ、そういう科目を担当するうちに、どうしてもこれがなくてはならないと思い、「死生学入門」[3]という科目を企画しました。現在準備中で、二〇一四年の四月から開講します。ラジオ科目ですので放送教材はラジオで放送されます。教科書はもうすぐでき上がる予定です。

『死生学入門』の中で私自身は二つの章を担当しました。「死生観と宗教」というタイトルの章では、本当は大っぴらにキリスト教の宣伝をしたいのですけども、放送大学の教員という立場ではバランスよく書かなければいけません。今日もその中の一部をお話ししますが、仏教や神道、そしてキリスト教、そういう代表的な宗教と死生観のかかわりについて解説しています。

放送教材のほうは踏み込んだものにしたいと思い、ラジオ教材のために聖学院大学の平山正実先生にインタビューをお願いしたところ、快諾してくださいました。そして、「そのかわりに、あなた、聖学院でちょっと話をしなさい」というふうに言われ、こんなうれしい交換条件はないと思って今日はここでお話ししている次第です。

二　こころの健康とたましいの健康

〈こころの健康〉という言葉は比較的わかりやすいのですが、〈たましいの健康〉というと、多分今日はこの〈たましいの健康〉という言葉に引かれてお集まりくださった方が多いかと思いますけれども、これはそう簡単ではありません。たましいの健康って何だ、そもそもたましいって何だということを、どういう角度から考えていくのか、

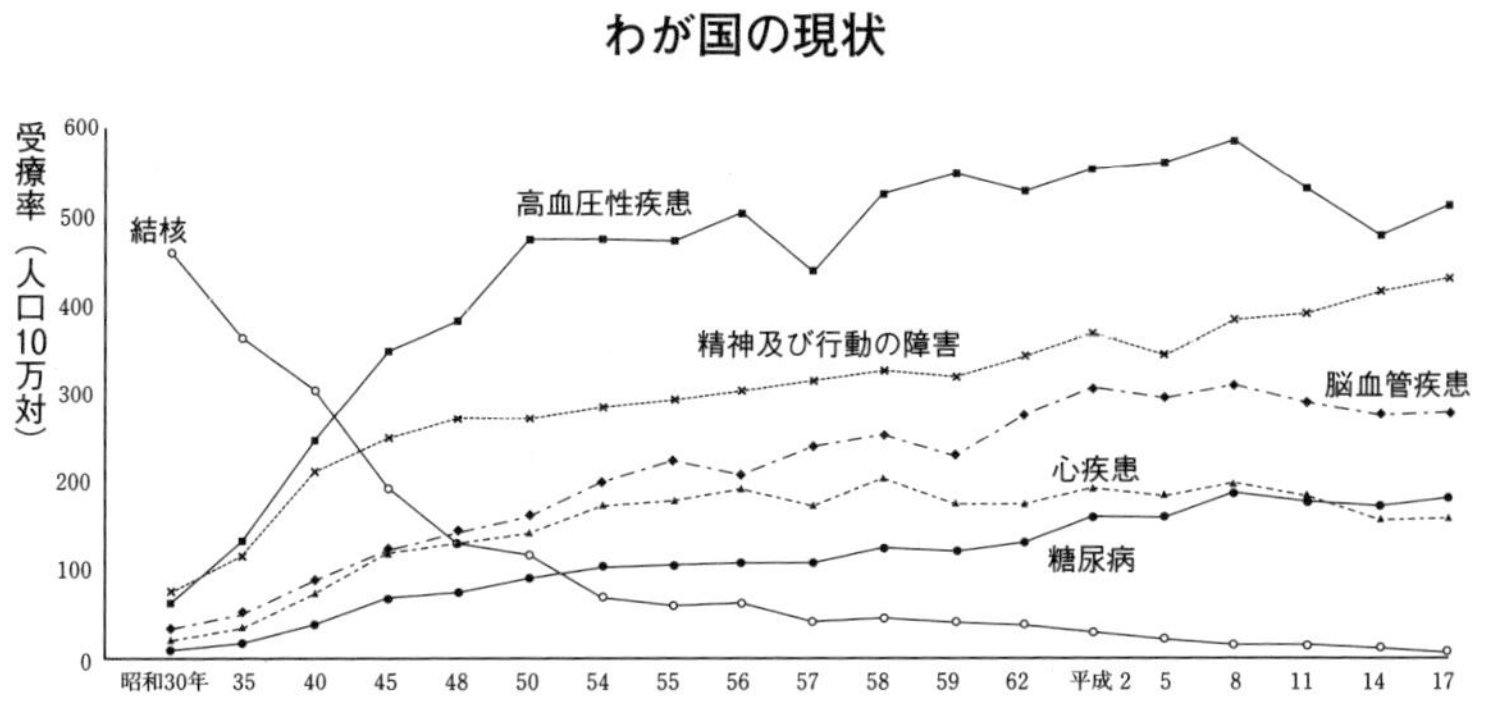

主要疾患の受療率（年次推移）

（精神保健福祉研究会監修『我が国の精神保健福祉――精神保健福祉ハンドブック』平成19年度版より）

図1

そういう準備が必要になってくると思います。

まずはいわゆる〈こころの健康〉からお話しします。こころの健康、いわゆるメンタルヘルスです。そのメンタルヘルスが損なわれたときには、いわゆる精神疾患と呼ばれるものが発症します。私は本職が医者ですから、実は得意なのは健康の話ではなくて病気の話です。病気についても、「精神疾患」と「こころの病」とは必ずしも同じ意味ではないのですが、さしあたりそのことは横に置いて話を進めます。

(1) こころの健康

まず病気に関する統計、図1をみてください。受療率というのは、その病気で医療機関を受診する患者さんがどのぐらいあるかをみるもので、この図は大変長いスパンを一つのグラフにまとめたものです。一番左は昭和三十年とありますから、五十年ぐらいの日本の歴史を一枚にまとめたようなものです。昔は結核というような感染症が多かったのです。結核は、この病気のために日本が滅びるのではないかとまで、明治時代には懸念されたものでしたが、こういった病気は克服されてどんどん減ってきました。

それに対して、いわゆる成人病、生活習慣病と呼ばれるようなもの、高血圧とか心臓病、糖尿病、脳血管障害がどんどん増えてきている。あわせて、精神及び行動の障害とあります、いわゆる精神疾患が右肩上がりに増えてきました。しかも、ほかの生活習慣病が最近は受療率が頭打ちになっているのに対して、精神疾患だけどんどん増え続けている状況があります。それを皆さんも肌で感じておられるのではないかと思います。

1　メンタルヘルスの現状

印象として日本のメンタルヘルスはどうだろうかと聞かれて、いや、それは問題ないでしょう、日本人は皆、元気ですよと言う方はいらっしゃらないでしょう。大変よろしくないという、いわば暗黙の了解が皆さんの間に浸透しているのではないでしょうか。その辺をもう少し数字ではっきりさせてみようと思います。

ある病気が多いか少ないかというときにいろいろな指標のとり方があります。たとえばがんのような病気の場合では、その病気によって年間に何人の方が亡くなるかという死亡率をとります。死亡率は大変広く使われる指標ですが、死亡率で判定すると、精神疾患などは大いに過小評価されます。というのは、その病気単独で、たとえばうつ病でも統合失調症でも、それがただちに命にかかわることになるケースはあまり多くないからです。ですから寿命とか死亡率ということでみると、精神疾患は不当に軽くみられてしまうのです。

図2に示したものは、国連の専門機関であるＷＨＯ（世界保健機関）が工夫してつくった指標で、障害調整生命年（disability-adjusted life year）と呼ばれるものです。短くＤＡＬＹと通称します。どういう指標かといいますと、その病気によって社会生活が損なわれた場合に、それをある一定のやり方で時間に換算する。その病気がその方の

精神疾患 ＝ 最大級の健康問題

・DALY：disability-adjusted life year 障害調整生命年（WHO）
健康問題の重みを「失われた時間」として数値化したもの
YLL（寿命の短縮）＋ YLD（健康損失の時間換算）＝ DALY値

【主な疾患のDALY値】

① がん	（17.8%）	全部位の合計
② 精神疾患群	（16.4%）	うつ病・躁うつ病＋認知症＋統合失調症＋アルコール乱用
③ 循環器疾患	（12.7%）	脳血管疾患＋虚血性心疾患

※ いまやメンタルヘルスは、わが国最大級の健康問題！

図2

どれだけの時間を奪ったかということを数字にすることによって、生活の質に影響を与える精神疾患のような病気を適切に評価しようというものです。

データがやや古くて申しわけありませんが、二〇〇二年の時点で、日本人全体の健康問題を一〇〇として、その中でそれぞれの病気がどれだけの割合を占めるかをＤＡＬＹ値でみていきます。一番はがんで、全部位のがんのＤＡＬＹ値を合計したものが全体の一七・八％程度を占めていました。その次が精神疾患群です。すでに二〇〇二年の段階で一六・四％と、がんに匹敵するほどの大きさをもっていました。その下に、脳血管疾患と心臓病を足した、いわゆる循環器疾患が来るということです。この指標でみる限り、もう十年も前から、メンタルヘルスの問題、精神疾患は、わが国で最大の健康問題になっていたのです。

精神疾患とひと口にいいますが、具体的にどのようなものがあるかを少し丁寧にみていきます。図3はいろいろな病気のＤＡＬＹの値を左から大きい順に並べていったものです。矢印で示してあるのが精神疾患です。これも約十年前のデータですが、脳血管疾患がこのくくりでは一番です。次に来るのがうつ病・躁うつ病でした。それから、認

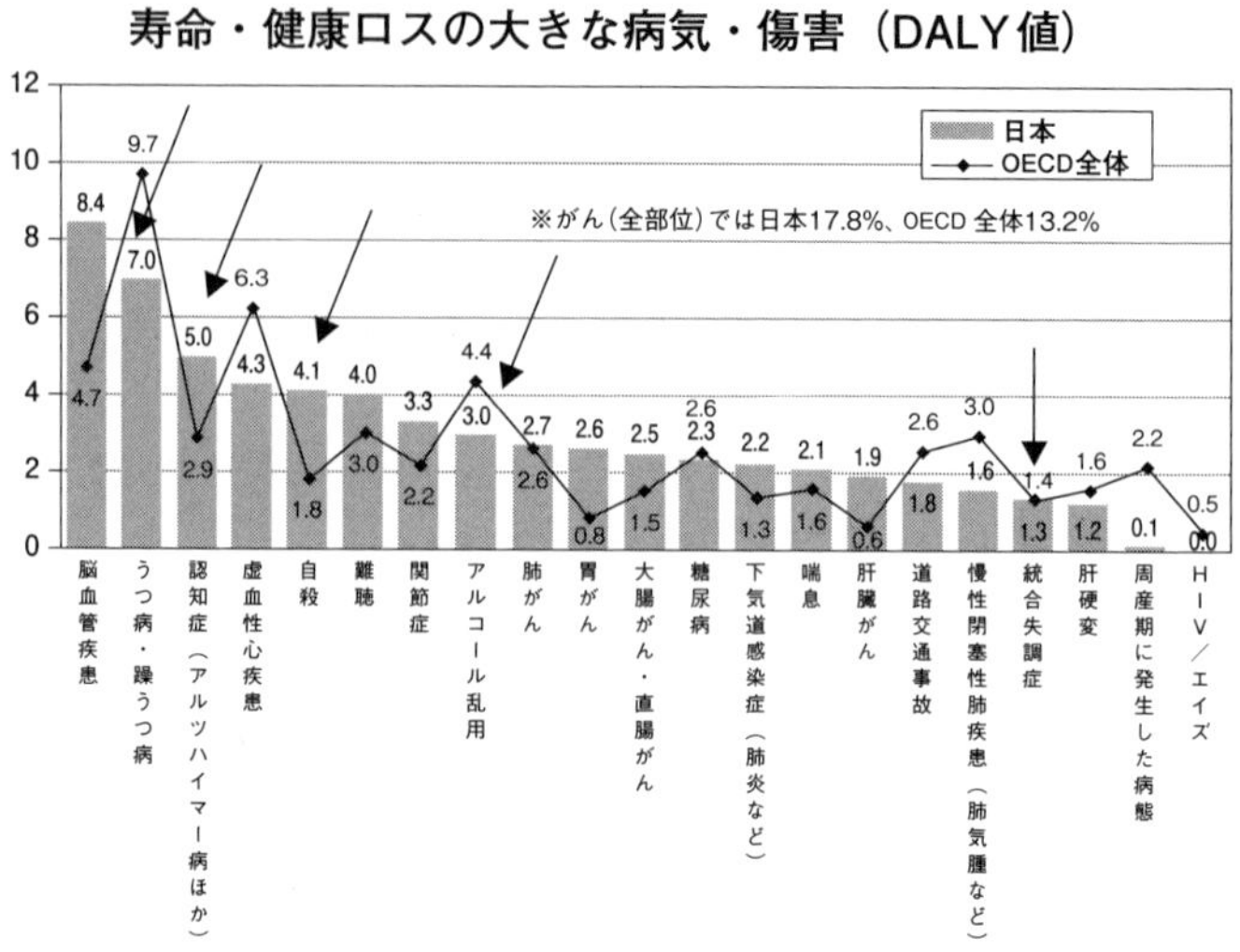

（矢印左から）・うつ病・躁うつ病（7.0%）・認知症（5.0%）・自殺（4.1%）
・アルコール乱用（3.0%）・統合失調症（1.4%）

（注）OECD全体あるいは日本において1.5%以上を占める傷病を中心に掲載。
（資料）WHO, Causes of death and burden of disease estimates by country（2002年値推計）

図3

知症がすでにその次に入ってきていました。ひとつ飛ばして、自殺という項目を矢印がさしています。後でお話ししますように、自殺というのは必ずしもすべてが精神疾患によるものではないのだけれども、やはりメンタルヘルスとは関係の深いもので、これが五番目です。そして、八番目にアルコール乱用が入ってきます。

ご承知と思いますけれども、日本の社会は、イスラム教圏、あるいはアメリカの保守的な層などと比較して、お酒というものに大変甘いのです。このため、日本社会のアルコール問題というのは、これまた大いに過小評価されていますが、丁寧にみていくと、アルコール問題も大変大きな社会問題となっています。そして、統合失調症が出てきます。こういった病気を足したものが、先ほどの一六・四%という数字になったわけです。

それでは世界的にみて、よほど悪いのだろうかと国際比較をしてみますと、必ずしも日本の精神保健統計は世界で最悪というわけではありません。これもやはり二〇〇二年のデータですが、精神疾患の有病率をグラフにとってみますと（図4A）、たとえばアメリカは、日本の二倍以上の有病率があります。それから、ニュージーランドなども患者の数が多い。それに比べて、日本の数字というのは半分以下ですから、そうひどく悪いわけでもない。数字ばかりではなくて、一般に欧米の人が国際的なメンタルヘルスを語るときに、極東地域、とくに日本は割合にメンタルヘルスのいい地域として語られる傾向があります。ですから世界的にみて格段に悪いというわけではないのです。

ただ、こういうデータは注意して解釈しなければいけません。すでにお気づきの方がいると思いますが、アメリカでこんなに患者が多いというのは、ひょっとして医療機関が多いことの反映ではないか、患者が多いのではなくて医療機関が多いのではないかという見方もできます。

図4Bのグラフは、右へ行くほど所得が高い、左へ行くほど貧しい、上へ行くほどうつ病が多い、下へ行くほどうつ病が少ないという皮肉なグラフですが、たとえばアメリカは所得が多くて、豊かだけども、うつ病は多い。日本は、所得はアメリカに近づくぐらい大きくて、うつ病は少ないと、そう読めるわけです。

ほかをみると、たとえばアフリカなどは貧しいけれども、うつ病は大変少ないとみていいでしょうか。そう簡単ではないですね。お気づきでしょう。ここにコンゴとかニジェールという国があがっていますが、これらはどういう国かといいますと、大変貧しい。貧しいということは社会資源をあまり医療に割けない。そういうところでは、とてもじゃないけどメンタルヘルスに資源を回している余裕がない。医療資源の配分は物理的な命を支えるほうに

国際比較の意外な結果

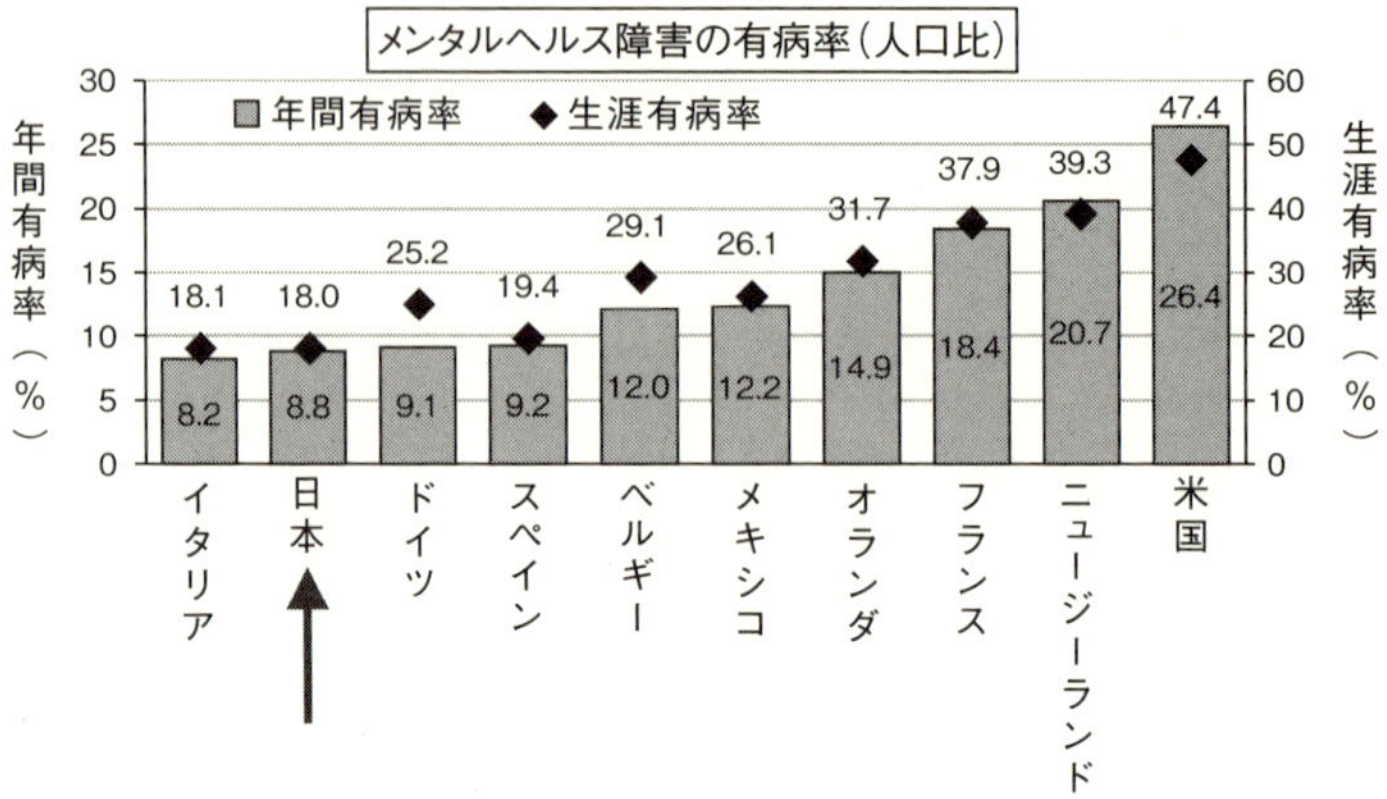

A：メンタルヘルスの国際比較（2003年までの最新年）

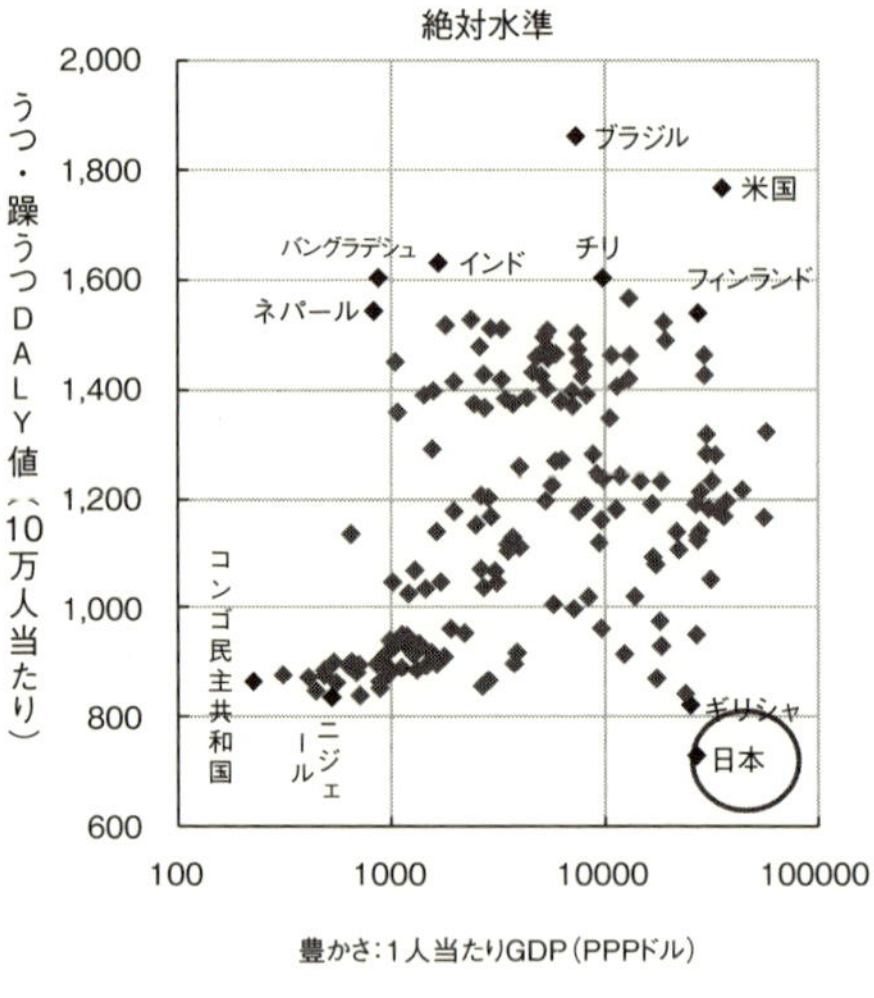

B：うつ病・躁うつ病の国際比較（173カ国の豊かさとの相関）

図4

傾斜します。そのような事情で診断してくれる精神科医がいなければ、うつ病の患者さんは見かけ上少なくなります。ですから、コンゴやニジェールでこれだけうつ病が少ないということは、とても額面どおり受け取れません。

わが国に目を戻しますと、たとえば今、世の中でうつ病が増えるということをメディアは毎日のようにあおりますけれども、こういうことも考え合わせなければいけない。それは本当にうつ病が増えているのだろうか。それとも、うつ病と診断される件数が増えているだけなのか。とくに都市部では乱立するぐらい心療内科が増えることによって、みんなが簡単に心療内科にかかるようになったことの反映ではないかという皮肉な見方もできるのです。こういうこともメンタルヘルスの統計の裏にはあります。ちょっと横道にそれましたが、大事なことなので申し上げておきました。

一方、こればかりは日本の統計として、世界中から憂慮されてしまう数字というのが自殺の問題です。数としても、国際順位も非常に高いところにあるし、ある時点から急増して、それがなかなか落ちない。そして年齢をみると、中高年の男性に非常に自殺が多い。このことは今日の大事なテーマになってきますので後でまた取り上げます。

図5は代表的な精神疾患です。精神疾患の名前がここ十年ぐらいでいろいろと変わりました。

今、統合失調症と呼ばれるものは、以前は精神分裂病と呼ばれていました。お気づきでしょうが、精神分裂病なんていう病名はとてもじゃないけれども使えない。使えないというのは、患者さんに対して告知できない。あなたは精神分裂病ですなんて言えたものじゃないし、言われた側も受け入れるのが難しいでしょう。今からみるとひどい病名をつけたものだと思いますが、この病名を私たちはほぼ百年にわたって使い続けてきました。そういう歴史があって、二〇〇二年にようやく名称が少しはましなものに変わったと思います。それが統合失調症です。

それから、後で取り上げるうつ病ですが、最近は気分障害という疾患名で呼ばれています。気分障害という言葉

代表的な精神疾患

主な疾患	以前の名称	特徴
統合失調症	精神分裂病	幻聴や被害妄想を呈する
気分障害	うつ病・躁うつ病	気分の長期的な浮き沈み
不安障害	神経症	不安・強迫など多彩な症状
パーソナリティ障害	人格障害	パーソナリティの極端な偏り
PTSD*	戦争神経症	外傷体験の反復想起
アルコール依存症	アルコール中毒	心理的依存と身体的依存
認知症	痴呆	脳血管障害や脳萎縮による認知機能の障害

* PTSD: Post-traumatic Stress Disorder
（心的）外傷後ストレス障害

図5

を最初に聞いたときには、それこそ妙な気分になりました。これには理由がありまして、後で紹介しますように、アメリカで作られた診断基準があって、その翻訳を使っているところから出てきたのです。mood disorderという英語をそのまま日本語に直したので気分障害になるのです。実体は、うつ病・躁うつ病と考えていただいたらいいのです。他の例ともあわせ、洗練されない生硬な疾患名が横行しているのもいささか困ったことですが、これが現状です。

さて、悪い話ばかりではありません。今ご紹介したような統合失調症とか躁うつ病という、昔ながらの重症感のある病気は概して治療が進み、ずいぶん軽くすむようになってきました。これは最近の大変いいニュースです。それに対して、昔は問題にされなかったような現象がどんどん増えてきていて、現状が日を追って多様化し、ボーダーレスになってきています（図6）。

それから、これも今日は詳しくお話しできないのですが、考えなければいけないと思うことがあります。これは病気が増えている以上に、病気を受け止める力が社会の側にす

精神疾患の最近の傾向

- **昔ながらの精神疾患の軽症化、病像の変化**
  統合失調症、躁うつ病
- **目立たなかった／認知されなかった疾患の浮上・増加**
  PTSD（心的外傷後ストレス障害）、摂食障害
- **ストレス関連疾患の激増**
  適応障害、心身症、アルコール依存症…
- **問題の多様化と境界の不鮮明化**
  パーソナリティ障害、各種の依存症、自傷症候群

図6

ごく乏しくなっているということです。お気づきのように、日本の社会のいたるところでコミュニティが崩壊してきています。私は四国愛媛の小さな村の出身で、私で十四代目だそうですけれども、先祖代々住んできた村が今や廃村寸前です。長い間、日本人の大多数を支えてきた農村共同体がほぼ消滅。それに代わるコミュニティが都市部にあるかといえば、とてもそうはなっていません。

それから、終身雇用制がなくなって派遣労働が盛んになって以来、職場がコミュニティであることをやめました。さらに家庭では、核家族化、少子化、非婚の増加があり、家族のサイズが大変小さくなっています。誰かが変調を起こしたときに、その人を支えるネットワークが地域にも、職場にも、家庭にも非常に乏しくなっているのです。

昔であれば、そういうネットワークの中で受け止められたはずの問題が、今はもっていきどころがなくて、心療内科、精神科に来るという構図があります。ですから、精神疾患が増えているということは、単に医療だけの問題ではなく、私たちの社会の大きな変動というものをダイレクトに表しているというふうに私は感じています。

統計の最後に、外来（通院）と入院という形態に分けて考えた場合、それぞれどのような病気が多いのかを示します。精神科のベッドは全国

入院と外来の患者構成

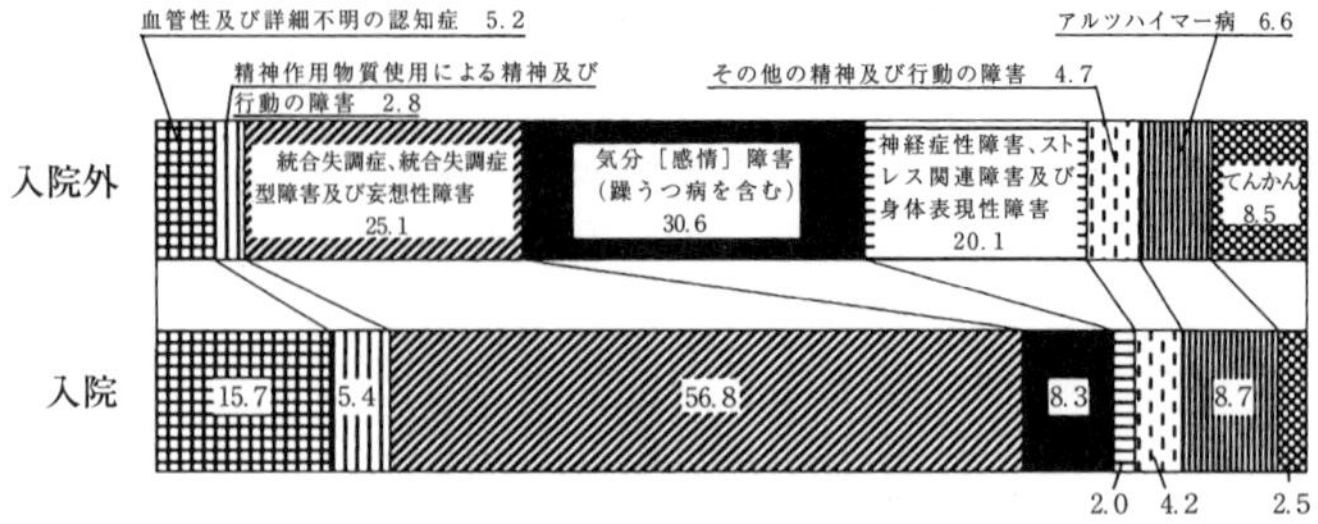

・入院……統合失調症が多く、認知症も急増中。
・外来……統合失調症、気分障害、神経症など多彩。
※ 快適になった最近の精神病院の環境

図７

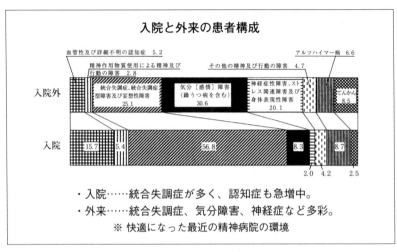

に約三十万床あるのですが、そのうちの六割近くを占めているのは統合失調症の患者さんです（図７）。

統合失調症の治療が進んだといったのに、なぜそんなに多くの患者さんが入院しているのでしょうか。最近新しく発症した人たちは、割合に治療がうまくいって早く退院できる方が多いのです。けれども、昔発病して治療法のない時代に症状が重症化し、慢性化してしまって、いわば病院に居つくようになってしまった方がいます。今さら帰ろうとしても、なかなか帰っていく先がないために、統合失調症の方たちがたくさん入院している。これを「社会的入院」と呼び、わが国の精神医療の大問題となっています。

それから、外来のほうにはいろいろな病気があり、その中で最近一番注目されるのは、中央の真黒な部分で示される気分障害です。外来では、うつ病が全体の三分の一ぐらいを占めていると考えてよいでしょう。

２　うつ病をめぐって

うつ病について少し話すことにします。うつ病という病気は、皆さんお耳に入っているでしょうし、割合に理解しやすいと思われているのでよくご存じではないでしょうか。鬱という字、これは二〇一〇年に常用漢字表に入りました。そのぐらいうつ病が世の中に蔓延しているということなのでしょう。それだけに、うつ病をめぐっては誤解も多いのです。うつ病はどんなものかというと、気持ちが沈んでやる気が出なくなる、そして生きるのがつらくなってしまう。生きる元気が枯れていってしまうような、今日の代表的な精神疾患で、ここまでは皆さんご承知のとおりです。うつ病になるには、それなりの原因があると多分皆さん思っていらっしゃるでしょう。職場や家庭などにおけるストレスの蓄積によって起きてくるのがうつ病だ、と思っていらっしゃる方が多いのではないでしょうか。これは後で申しますが、ちょっと修正が必要です。

次に、うつ病の治療においては休養がもっとも重要である。これは常識の一部かと思いますが、これはそのとおりです。質のよい休養ということが何より、そして薬も効果がある、というふうにご理解いただいたほうがいいと思います。それから、うつ病では、痛ましいことに、自殺、自死の危険が大きくなります。これは確かに事実です。一方、昔からのうつ病をみていて、うつ病にかかるのは生真面目な人が多いと思っていらっしゃる方が多いのではないかと思いますが、これは修正が必要な情報に属します。どんな性格の人でも、うつ病にかかりますから。

さて、気分障害には二つの型があります（図８）。気持ちが沈む、うつを繰り返す、このうつ一方のものをうつ病性障害といいます。それに対して、躁状態も現れるものを、双極性障害といいます。躁状態というのは、うつの正反対で元気がよくなりすぎるのです。「うつ病が病気なのはわかります。気分が沈んでそれはつらいでしょう。躁状態というのはその反対で、元気がよくなってしまって、そしてご本人は爽快なんだとしたら、病気扱いしなくてもいいんじゃないですか」というご質問をよく受けますが、これは違います。

躁状態というのは、後で躁的防衛などという言葉で使わせていただきますが、過剰に元気がよくなってしまうの

気分障害（躁うつ病）の二つの型

・うつ病性障害：

３～６カ月のうつ病相を反復。発病率５～10%（？）女性に多く、初発は平均40歳前後。遺伝傾向は小、ストレスとの関連大。主に抗うつ薬で治療。

・双極性障害：

うつ病相と１～３カ月の躁病相を反復。発病率１%、男女差なし。初発は20歳代が多く、遺伝傾向が強い。主に気分安定薬で治療。

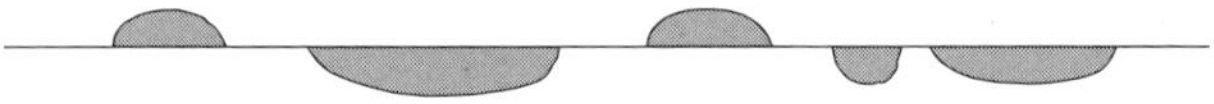

図８

で、困ることが起きます。たとえば人と衝突します。トラブルやけんかを起こしやすくなります。気が大きくなるので金遣いが荒くなります。それがもうただ気前がいいなんていうものではなくて、自分の収入の一桁上の買い物を平気でしてしまったりするのです。さらに、生命感が高揚するために性的な関心が非常に強くなります。もともとの性格ではそんなことをするはずのない人が、乱脈な性的逸脱をして、それで家庭を壊してしまうなどということが起きます。そういう意味では、躁状態というのは、抑うつ状態、うつ状態よりもはるかに危険です。けれども、躁状態のほうが頻度としてはずっと少ないのであまり目立たないというぐあいにご理解ください。

　うつ病に話を戻します。先ほどいいましたように、一般にはストレスが積み重なってうつ病になると思われているようです。それも確かにありますが、それだけではありません。人間はそう単純ではないのです。ましてうつ病というのは病気ですから、普通では説明できないことがしばしば起きます。なぜかおめでたい変化、おめでたいこと、お祝い事がうつ病のきっかけになるということも昔から知られています。何かしら変化に弱いと

大うつ病エピソード（DSM-Ⅳ）

1. 抑うつ気分
2. すべての方面での興味・喜びの著しい減退
3. 著しい体重減少（あるいは増加）
4. 連夜の不眠（あるいは過眠）
5. 精神運動性の焦燥または制止
6. 易疲労性、気力減退
7. 無価値感、過剰な罪責感（時に妄想的なほど）
8. 思考力・集中力・決断力の低下
9. 死についての反復思考（希死念慮）

※以上のうち５つ以上が同じ２週間の間に存在する。

図９

いうことがあるのかもしれません。変化に伴って、頭の中で間違ったプロセスが進み始めるのが本来のうつ病でした。

そもそもうつ病は、どのように診断するのでしょうか。ここにＤＳＭ（*Diagnostic and Statistical Manual of Mental Disorders*『精神疾患の診断と統計マニュアル』）(4)という、アメリカ精神医学会が作った精神科のマニュアルがあります。ＤＳＭではそれぞれの精神疾患をどのように診断するかということが具体的に決められています。これはもともとアメリカ人がアメリカ人のために作ったものですが、学問の世界でもアメリカの影響力が強いので、今では世界中で使われています。

ＤＳＭは、うつ病に関して九項目の基準を掲げ、そのうち五つ以上があったならばうつ病（抑うつ状態）と診断することになっています（図９）。まず気分が沈んでしまう抑うつ気分。それから、すべての方面で興味や喜びがなくなってしまうこと、たとえばゴルフが大好きだったお父さんがクラブを手にとろうともしなくなってしまう。毎晩晩酌を楽しんでいた方が、お酒を飲んでも少しも酔えないし、おいしくもなくなる。あるいは自分の好物の食べ物がおいしく感じられない。そういうことも含めてですけれど、好きだったもの、好きだったことが楽しめなくなるということです。それから、食欲が減るのでどんど

躁病エピソード（DSM-Ⅳ）

A．気分の異常な昂揚が１週間以上持続

B．その期間中に以下の症状のうち３つ以上

1．自尊心の肥大
2．睡眠欲求の減少
3．多弁、あるいは喋り続けていたい欲求
4．観念翻逸
5．注意散漫
6．目標をもった活動の増加、焦燥
7．よくない結果をもたらす快楽的活動への熱中
（例：浪費・買いあさり、性的逸脱、ギャンブル）

図10

ん体重が減ってくる。眠れなくなる。何か妙にいらいらし、そのくせ何かをしようとすると頭がうまく働いてくれない。自動車のブレーキがかかったようなぐあいに自分の頭が働かない。さらに、妙に疲れやすくて気力が出ないといったことが起きます。それらに加え、ご本人は、何て役に立たない自分、何て頑張れない自分、何て情けない自分というふうに非常に自分を責めます。責めた結果として死を考えるようになるということがあります。

皆さんのお耳にも入るでしょうか。最近「自殺願望」という言葉がよく使われます。この自殺願望という言葉は不適切だと思います。自殺願望というと、何かその人が本当に願望、望みとして死にたがっているように聞こえますよね。うつ病の人は自殺マニアではありません。そうではなくて、自分でもやめたいのだけれども、どうしても頭の片隅にちらちら、ちらちら死のことが浮かぶのです。

こんな自分はいないほうがみんなのためなんじゃないか、これだったら死んだほうが楽になるんじゃないか、ということを、自分でも考えたくないのについつい考えてしまうのが、うつ病の症状です。そのことをさして医者は「希死念慮」という言葉を使います。望んではいないのに、なぜか引き寄せられてしまうのが、うつ病と死の関係です。

うつ病の昔と今

1．昔：うつ病depressionの定義が確立された20世紀初頭から、つい最近まで：

とくに思いあたる理由や事情がないにもかかわらず、なぜか気分が沈んで頭が働かず、生きていくのがつらくなる病気。

⇒　脳の機能変調による典型的な**精神病**
休養と服薬が治療の根本

2．今：20世紀末以降、人々がストレスを強く自覚するようになり、専門家の間でDSMによるマニュアル診断が浸透するにつれ：

過労や人間関係における気苦労など、**ストレスの蓄積の結果として**心が折れてしまった状態。

⇒　それなりの原因・理由に対する反応（**適応障害**）
休養と服薬に加え、原因の除去が必要

3．今どきのうつ

・うつ病の全般的な**軽症化**：
早期受診、治療進歩、世間の理解

・「**新型うつ**」問題：
未解決、進行中の問題…

・「**自己愛の傷つき**」
自己愛傾向の強い若者が、世間の厳しい風にぶつかって万能感を損なわれるとき、見かけ症状は「うつ」であってもカラクリは大いに違う。

⇒ 個別の事例ごとに慎重なみたてが必要

図11

うつ病についてもう少しだけ、注意すべき点を繰り返しておきます。うつ病には必ず原因があるかというと、案外そうでもない。本当におめでたいこと続きであって、努力が報われて出世したという方であって、とくにうつにならなければいけない理由はどこにも見つからない。そういう人でもうつになることがあります。必ずしも原因があるとは限らない。では何が起きているかというと、それこそ外からみてもわからない、何か不可解な変化が脳の神経のプロセスの中に起きている。だから病気なのだということがあります。そしてうつ病は、確かに生真面目な人もなりますが、どんな性格の人でもなるのです。

躁病について、ＤＳＭの診断基準は図10のようになっていますので、目を通してみてください。

うつ病は、気持ちが沈んでやる気が出なくなる、生きるのがつらくなるという病気ですが、最近は現代型とか新型といわれる、症状の軽いうつ病も出てきています（図11）。これは非常に興味深い問題を含んでいますが、残念ながら今日は詳しく立ち入ることができません。別の機会にお話しできればと思います。

さて次に、うつ病の症状は一律であっても、そこにいたるプロセスは多様であるということを述べておきたいと思います。なかなか本題にいかないようですが、これは後でスピリチュアルなことを考える大事な伏線なのでご辛抱ください。

3　うつ病の多様性

うつ病には、本当にさまざまなタイプのものがあります（図12）。たとえば、季節性感情障害。これは北欧で発見された病気です。

北極圏というところは、夏場は日が沈まない白夜ですが、冬は逆に日が昇りません。この地域では、日が昇らない冬の期間は、気分が沈んで抑うつ的になり、春になって日が昇ってくると気分が良くなってくるというように、季節にきれいに連動した躁うつ病の型があることが知られています。よくみると日本などにもあるのですが、そこまで夏冬の違いがはっきりしないので、わかりにくいということのようです。これなどは、季節の周期と体のリズムが過剰に連動してしまっている、体からくるうつ病なわけです。

それから、ご高齢の方に多い脳血管障害に起因するうつ病もあります。脳梗塞などの回復期に一時的にうつ病になるもので、脳梗塞などのために頭がうまく働かないことによる変調だとすれば、これも体からくるタイプのうつ

「うつ」は多様である

・双極性障害 ・季節性感情障害（一種の冬眠？） ・血管性うつ病	**体（脳）からくるもの**
・明朗・社交的・肥満型の双極性タイプ ・きまじめで責任を負い込む古典型 ・ストレスの質的・量的過重（！） ・心理的葛藤や性格的問題（神経症型） ・非典型的な軽症型	**多彩な性格や発病状況**

図12

病といえます。

一方では、職場の厳しい状況の中でいわゆるストレスをため込んで、人によっては月間一〇〇時間を超えるような時間外労働をしなければいけなくて、その中で身も心も疲れ果ててうつ病になる人がいます。この型のうつ病が、最近は目立つのでしょう。

それから、もっと心理的な要因の強いタイプもあるかもしれません。先ほどアルコールの話をしましたが、たとえば親がアルコール依存症であった場合、そのお子さんたちが大変苦労するということは知られています。いつ父親が飲んだくれて乱暴になるかわからないので、いつもびくびくして親の顔をみている。そして、その機嫌をとりながら過ごしているような場合です。大人というものは、いつ荒れるかわからない恐るべきもので、決して自分を安心させ守ってくれる存在ではない、ということを学習しながら育った人の場合、大人になってから人がなかなか信じられない。そして、入ってくる情報をいつも自分にネガティブな角度から解釈してしまう。そういう認知の積もり積もった結果として、自分で自分を抑うつ的にしているタイプの人がいます。これは心の層からくるうつ病です。

これらはいずれもうつ病であり、なぜ人がうつ病になるかという事情は、それほどにも多様なのです。

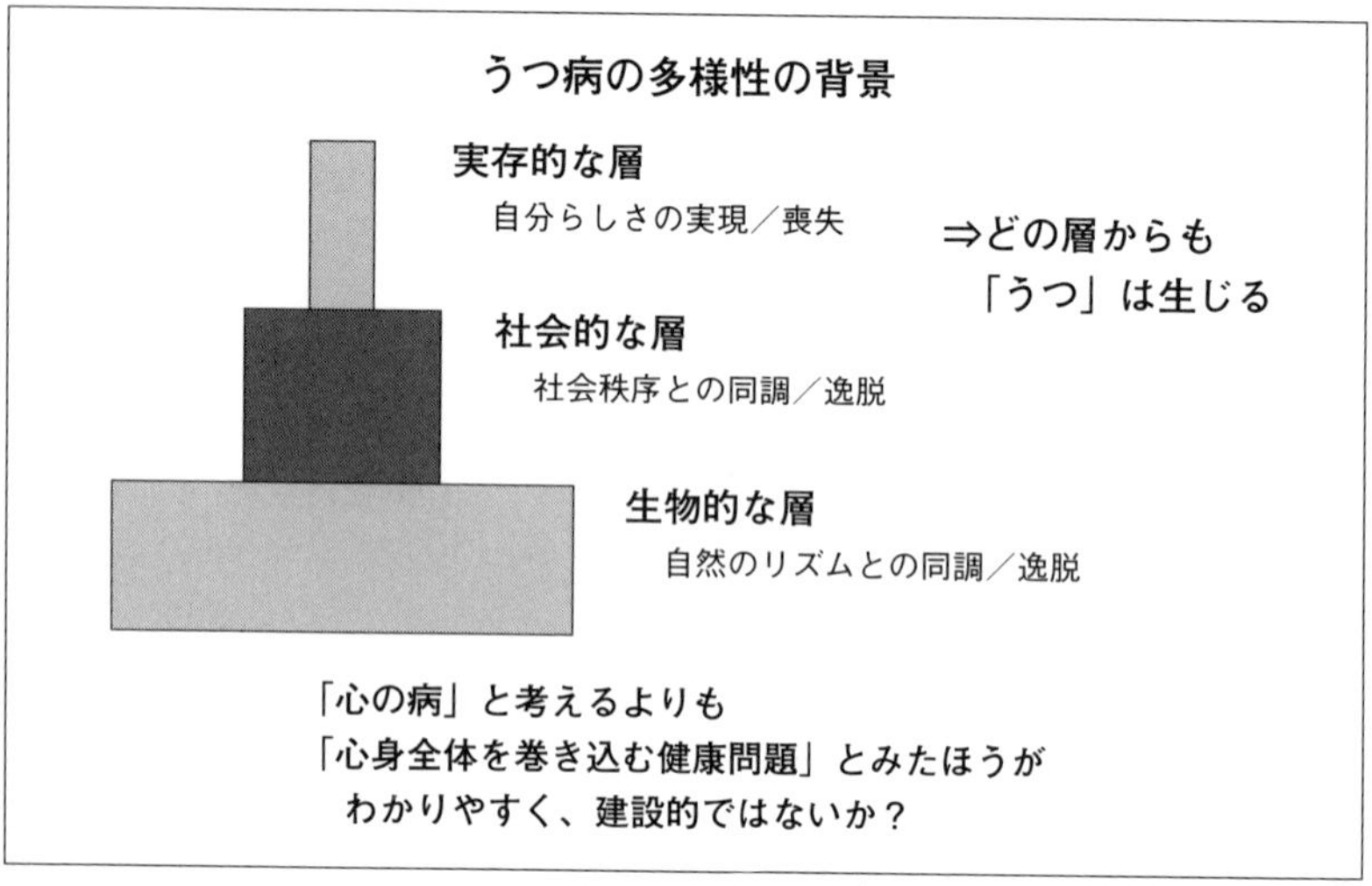

図13

この辺が以下の話の出発点になります。図13のように図を描いてみます。人間の土台には、生き物としての層があるでしょう。食べて、寝て、起きて、そして、先ほど申しましたが、どうかすると、ちょっとスイッチが入り間違って、脳の働きが季節の周期に連動して自分の気分まで動いてしまうといった、生物としての人間がいます。

それから、社会的な層。先ほどの時間外労働の例などもそうです。こんなことをやったら自分は潰れてしまうと思うけれども、しかしこの社会の中で仕事をしなかったら生きていけない、そういう思いがその人を無理やり不利な状況につなぎとめていて、その結果としてうつ病が起きるというように、この層から出てくるうつ病もあるでしょう。

最上部の実存的な層というのは、言葉は難しいのですが、後でも述べるように、ごく基本的なことです。人生の意味について考え悩むのがこの層の働きです。何で自分は生きていかなければいけないのだろうか、自分の人生は何のためにあるのだろうか、そういう根源的な悩みから出てくるうつ病があるとすれば、それはこの層から起きたものです。

うつ病というのがどの層からも生じてくるということは、うつ病がいわば影絵のようにして、人間のあり方を影として映してくれているということです。人間には体があり、体の一部である脳があり、そして社会的な存在として心をもっており、さらに霊的な存在としてたましいをもっている。私は精神の臨床をやっていますが、精神は一言ではくくれない、体、頭、そして心、たましい、こういったものの積み重なった存在、そういう複合的で複雑で奥深い存在が人間ではないかと思うようになったわけです。

長い前振りでしたが、なぜこういった話をしたか、わかっていただけるのではないでしょうか。人間が体と心とたましいをもった存在だというのは、観念的に考えてそうなるのではなくて、うつ病の患者さんなどを診ているときに確かに実感されることなのです。そのことをお伝えしたくて、あえてくどくどと申し上げました。以上を予備知識として、以下の話を進めていきます。

(2) たましいの健康

1 健康とは何か

たましいの健康。ちょっと切り口を変えましょう。健康とは何だろうかと考える場合に、必ず引用される文言があります。一九四八年(昭和二十三年)、第二次世界大戦終結後三年ですから、国連がつくられてまだ早々の時期にWHOが掲げた有名な健康の定義です(図14)。ここにご紹介しますように、単に病気あるいは病弱ではないということが健康ということなのではない、そうではなくて、身体的、精神的、社会的に完全に良好な状態のことを健康というのだというのが、WHOの高らかにうたい上げた定義でした。

これは皆さん、多分賛否両論あると思います。たとえば「完全に良好な状態」などといわれても、一体そんな人

WHOのメッセージ

・WHO（世界保健機関）の健康の定義（1948）

Health is a state of complete physical, mental and social well-being and not merely the absence of disease or infirmity.

「健康とは、身体的・精神的・社会的に完全に良好な状態のことであり、単に病気・病弱ではないということではない。」

☆ physical　身体的な
☆ mental　精神的な
☆ social　社会的な
☆ spiritual　霊的な（？）　←　実現しなかった1998年の加筆

図14

がどれほどいるものでしょうか。そもそも何が「完全に良好な」ことなのか決めるのは難しいし、仮に決められたとしても、それを満たす人はなかなかいないでしょう。そうなると、現実に健康な人などは世の中にいなくなってしまいます。それを承知でこの定義を掲げたのは、そういう高みを目指していくのだというＷＨＯの高い理想を示したものだったろうと思います。

それから、健康を考えるにあたって単に身体だけではなくて精神も含む、さらに社会的なありようまでも含むということは卓見、先見の明でした。起草者の頭の中には、たとえば途上国の貧困の問題――たとえ医療が一時的に提供され、あるいはそれがメンタルまでカバーできたとしても、貧困や差別といった問題が解消されない限り、病気はどんどん生まれてくるということがあったでしょう。だから健康の問題は社会のあり方と不可分であることを、ＷＨＯの定義は明確に指摘したのです。

〈たましいの健康〉をお話しする上で、とてもおもしろいことが一つ起きています。一九四八年以来、ＷＨＯの健康の定義はずっと継承されてきたのですが、ちょうど半世紀たった二十世紀も終わりに近い一九九八年、これではまだ不完全だ、一言加えてこれを完全にしようと言い出した人たちがいました。どういうことかというと、physical（フィジカル）、mental

（メンタル）、social（ソーシャル）の後にspiritual（スピリチュアル）という言葉を加え、spiritualにも良好な状態を考えなければ本当に健康とはいえないのではないかということなのです。イスラム圏の人々が、強くこれを主張したと聞いています。

一九九八年というのは九・一一アメリカ同時多発テロ事件の三年ほど前であり、イスラム圏の発言力が比較的強かったことも背景にあったでしょう。この提案がWHOの委員会で議論されているのを知って、日本のお役所では、spiritualを日本語にどう訳そうかと頭を痛めていたそうです。

spiritualをどう訳したらよいでしょう？「霊的」という言葉は有力候補でしょうが、「霊」などと聞けば、怪しげなもののように感じる人が、今でも少なくないだろうと思います。

一九九八年当時は一層そうでした。WHOの定義の修正が実現していれば、日本人にとってspiritualについて考える、いいきっかけになって面白かったと思うのですが、残念ながら本会議では、時期尚早ということで採択が見送られました。その後、これは沙汰やみになりましたけれども、健康を考えるときにspiritualは外せないと考える人たちが存在するということは、大変刺激的でした。

2 spiritualという次元

私は恵まれて、一九九四年から九七年まで三年間、アメリカで過ごすことができました。長男が三歳、次男が一歳のときに行って三年間過ごしましたが、子どもがいたおかげで面白いことがいろいろあったのです。

長男がちょうど幼稚園に通う年齢になり、近所のバプテスト教会の付属幼稚園に話を聞きに行ったときのことです。入園希望者の親を集めて園長先生が話すわけです。女性の園長先生が、皆さん、よくいらっしゃいましたと挨拶なさり、続いて、「皆さんは、これからお子さんたちの成長を四つの面で楽しむことになるでしょう」とおっしゃったのです。その四つの成長というのがおもしろいことに、さっきの話とぴったり重なるのです。physical、mental、social、そしてspiritualな発達を親御さんたちは大いに楽しむことになるでしょう、そう話されたのでした。

アメリカ人の親たちは、ふんふんと当たり前のように聞いています。聞きなれたフレーズであったのかもしれません。私はphysical、mental、socialまではついていけたのですけれども、当時すでに信者であったにもかかわらず、spiritualがここに入ってくるというのがすごく新鮮だったのです。一九九八年より前の時代で、日本人の友人にこのことを話すとき、spiritualを何と訳そうかなとお役人同様に悩みました。

どうやら、欧米人、それからイスラムの人たちまでも含めて、この四本柱というのは、人間について考えるときの世界標準（グローバルスタンダード）であるように思われます。physicalとmentalとsocialとspiritualです。

それぞれ、意味を確認していきましょう。physicalは身体的なものです。次にmentalですが、たとえば、メンタルトレーニングというような具合に、精神一般を広く含むものとして日本語に定着しています。しかし、英語のmentalは、少し意味が特定されていて、知的な働きに重みがあります。たとえば精神科領域では、知的障害のことを精神遅滞といいますね。英語のmental retardationの訳語です。園長先生の話のmentalもほぼ知性のことをさしています。mentalに子どもたちは発達していく。そしてsocialに発達していく。さらにspiritualに発達していく。これを園長先生は当然のこととして語り、親たちも当然のこととして受け取り、そして私はちょっと釈然としない思いで聞いていたわけです。

ここに、私たちの日本語、あるいは日本の文化のちょっとした盲点があるように思います。spiritualって何でしょう。たとえば、子どもが挨拶することを覚えるということを考えてみましょう。子どもが、「おはようございます」「こんにちは」「ありがとうございます」が言えるようになるということは、もちろん身体的にそういう言葉をはっきり発音できるようになったということであり、それからまた、知的にその意味を学んだということであり、さらに社会的には、どういう場面でどういうことを言うべきかを学習したということです。人に何かをしてもらったら「ありがとう」と言い、人に自分が悪いことをしてしまったら「ごめんなさい」と言う、ここまではsocialな話です。それでは、挨拶のspiritualとは何でしょうか。

たとえば「ありがとう」と言うときに、自分を大事にしてくれたことに対する、心からの感謝を込めてありがとうと言えたならば、それは単にsocialではない、spiritualな事態だろうと思うのです。それから自分が傷つけてしまったお友達に対して、心からごめんねと言えたならば、それはspiritualな成長でしょう。日本の親や幼稚園の先生でしたら、このことを何と呼ぶのでしょうか。端的に心の発達、あるいは情操の発達というのでしょうか。心豊かな子どもに育てましょう、といったところでしょうか。

英語の場合にはここがspiritualにあたります。このspiritualというのはreligious（宗教的な）というのと非常に近い意味のはずですが、ただ、アメリカであっても今は無神論者も多いですし、それからキリスト教だけではなく、ユダヤ教もあれば、イスラム教もある、中国系などまた違った背景の住民もたくさんいます。

そのようにいろいろな背景をもった大勢の人たちがいるわけで、spiritualがreligiousに近いといっても、何か特定の既成宗教に限定される話ではないのです。それでもやはり欧米人の場合には、spiritualの原型にreligiousがある、絶対者である神との関係において、その人の良心、道徳、思いやり、人生の意味づけといった、深い部分のあり方を整えていくことになります。

無神論者が欧米で難しい立場にあるというのは、神を認めない場合に、どうやって良心の座を整えるのかが大きな課題となるからです。それだけに、アメリカで出会う無神論者は、何も考えないキリスト者よりもかえって道徳意識が高かったりしました。

日本人が「いや私、無神論ですから」というのはこれとは違います。あれは単に自分は特定の宗教にコミットしていませんというのにすぎなくて、無神論というのは、もっと厳しくて大変な決断なのです。私は大多数の日本人は、自覚の乏しい有神論者だと思っています。キリスト教的な信仰とは違ったムード的な多神論でしょうけれども。

ちょっと話が脱線したかもしれません。spiritualということは、幼児教育の場では重要なテーマであり、それぐらい人間にとって根本的に重要なことなのです。

ついでにもう少し脱線を続けましょう。この後、死生観の話に移っていきますが、子どもには死生の問題への理解力や感受性があるのでしょうか。もちろん大ありです。皆さんもご記憶がおありじゃないでしょうか。私自身は、六歳のときに、父方の祖父が亡くなりました。遊んでくれたおじいちゃんが亡くなったと聞いたときに、ものすごくショックでした。悲しいということもあるけれども、おじいちゃんは、いったいどこに行ったんだろう、どうなったんだろうと、そのことがわからなくて不安だったのです。僕もいつか死ぬんだというけれど、死んだらどうなるんだろう、そんなことをずいぶん考えました。

これは私ができのいい、知的な子どもだったからではなくて、聞いてみますと誰でも覚えのあることなのです。そして多分、大人になってくるにつれて、そういう難しい問題を考えないことに私たちは慣れてくるのです。五歳、六歳、七歳ぐらいでしょうか、子どもの時代にこういうことに対してものすごく敏感になる時期があります。その時代に、子どもたちの、そういうまさに育ってくる霊的な感受性をしっかり受け止めないといけない。しっかり受け止めることが、教育の中ですごくプラスになるはずだと思います。

念のためにいいますと、spiritualという言葉をもたないから、多くの日本人はspiritualなこと、religiousなことに関心がないかというと、私はそうは思いません。身びいきかもしれませんけれども、日本人はこういうことに対する豊かな感受性をもっていると思います。ただ、このことを霊とかスピリットという言葉であからさまに語ることをむしろ嫌う。そういう大事なことは、かえって曖昧なままに放っておきたいという気持ちが多くの日本人の中にあるのでしょう。その機微を託されているのが「こころ」という言葉だと思うのです。

こころという言葉は響きがとてもいいですね。こころというのは胸にあるんでしょうか。大和言葉は大好きです。なかでもこころというのはすばらしい言葉だと思いますが、こういう流れの中では少々意味が広すぎて、それだけにぼやけてしまうように思われます。もう少しほかの言葉も使って、こころのさまざまな機能を、より分けて考えていったほうが建設的ではないでしょうか。

それで思い出しました。メディアなどで精神疾患を「心の病」と呼ぶことがほぼ定着しています。私も実は気づいていなかったのですが、桜美林時代にある学生に指摘されました。

「先生、『心の病』っておかしくないですか。私もいつかうつ病にかかるかもしれませんが、そのときは『精神疾患』『精神障害』で結構です。それは客観的な言葉で、何らそのことを恥ずかしいと思いません。だけども、自分がうつ病になったときに、『あなた、心の病ね』とはいわれたくないです。心の病であるというのは心が病んでいるということで、心が病むことと精神疾患にかかることは違います」と、堂々と主張した女子学生がいたのです。その女子学生は卒業後にハードな現場で、いいソーシャルワーカーとしてしばらく活躍し、今は転職して違う仕事を熱心にやっています。ともかく私は教え子に教えられました。それ以来、「心の病」という言葉にひっかかりを

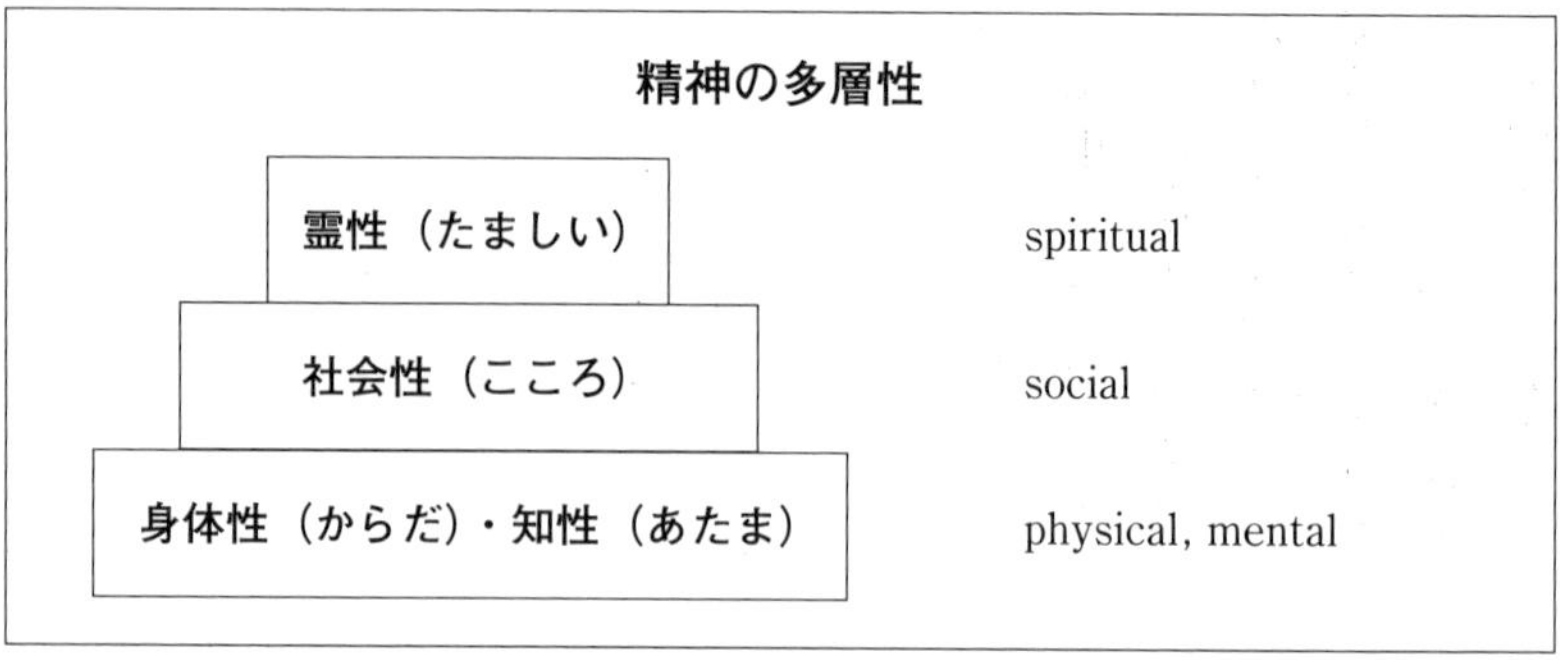

図15

感じています。そんなことも含めて、こころという言葉にあまり過剰労働させないほうがいいのではないかと感じています。

だからといって、こころを社会性のところにくくり込んでいいのかとご批判をいただきそうですが、ここで図15を作ってみました。私たちの精神というものは、からだやあたまの基礎があり、そしてその上にこころが働いており、さらに神との関係を営むたましいの働きを負わされている。このような多層性に大いに注意を払う必要があるでしょう。

3　自殺の問題

たましいの問題がどれほど重要かということを一緒に考えていただくために、胸の痛むデータですけれども、先ほど取り上げた自殺統計の話に戻ります（図16）。

日本の年間の自殺者数は、一時期を除いて、第二次世界大戦後長らく年間二万人台で推移してきましたが、くしくも先ほど出てきましたspiritualの年、一九九八年に突然三万人超に跳ね上がり、それが十年以上も続いてきたのは、ご承知のとおりです。最新の統計で、二〇一二年の年間自殺者数が久々に二万人台に戻りましたが、もう何年かみないとはっきりしたことはいえないと思います。中高年の自殺は減ったけれども、若い方の自殺が増えているという情報も

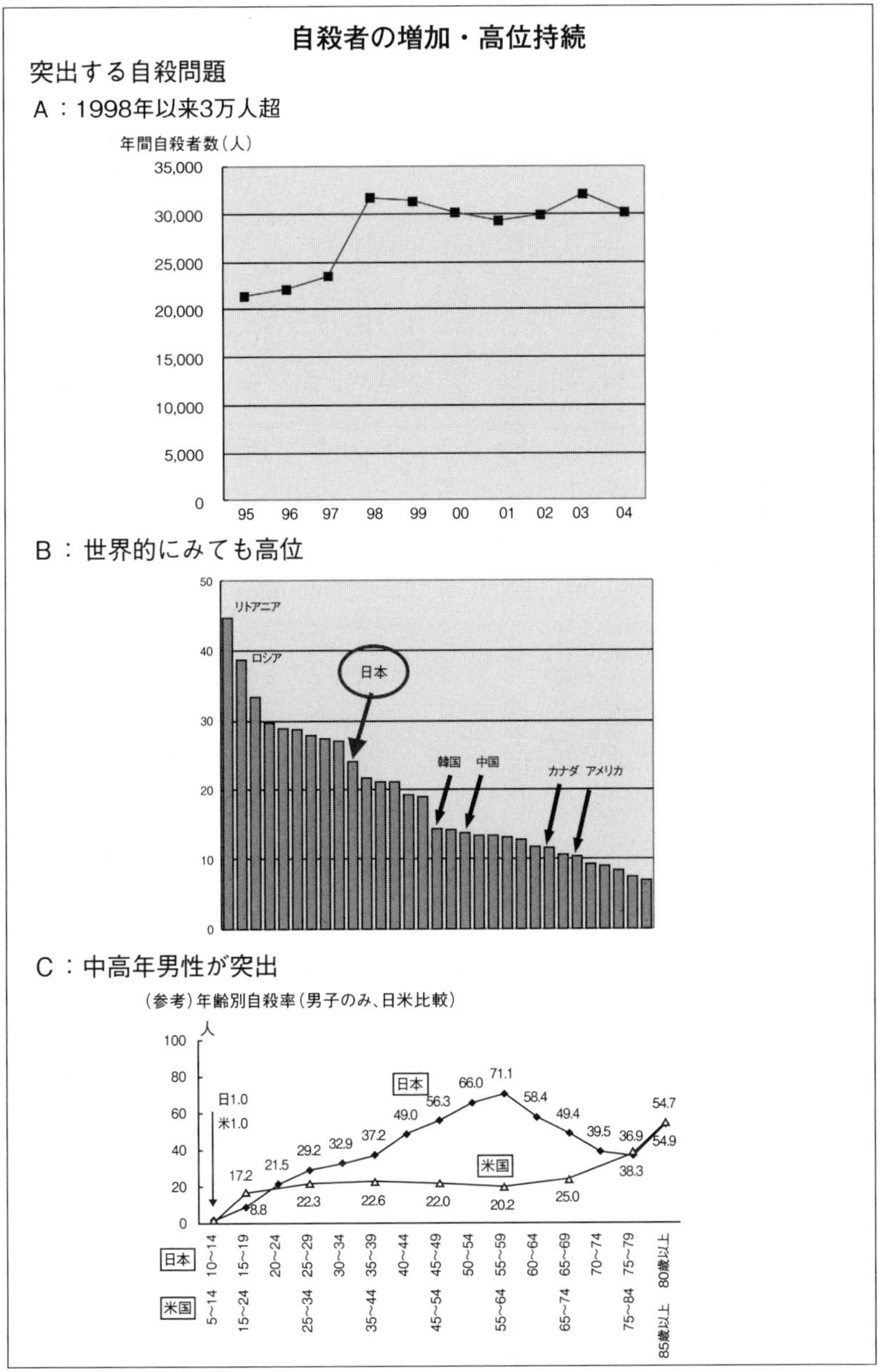
自殺者の増加・高位持続
突出する自殺問題
A：1998年以来3万人超
年間自殺者数（人）
35,000
30,000
25,000
20,000
15,000
10,000
5,000
0
95
96
97
98
99
00
01
02
03
04
B：世界的にみても高位
50
40
30
20
10
0
リトアニア
ロシア
日本
韓国
中国
カナダ
アメリカ
C：中高年男性が突出
（参考）年齢別自殺率（男子のみ、日米比較）
人
100
80
60
40
20
0
日1.0
米1.0
日本
米国
17.2
8.8
21.5
29.2
22.3
32.9
37.2
22.6
49.0
56.3
22.0
66.0
71.1
20.2
58.4
49.4
25.0
39.5
36.9
38.3
54.7
54.9
日本
10～14
15～19
20～24
25～29
30～34
35～39
40～44
45～49
50～54
55～59
60～64
65～69
70～74
75～79
80歳以上
米国
5～14
15～24
25～34
35～44
45～54
55～64
65～74
75～84
85歳以上

図16

あります。

そのことはおくとして、一九九八年にどんと上がった。なぜこの時期に上がったのかということですが、すぐに気がつく方もあるでしょう。それはバブルがはじけたことと関係があるのではないかと。

文字どおりバブルが崩壊したのは、九八年よりもう少し前です。ただ九八年という年に、完全失業率が四％台という異常な高値に跳ね上がり、それに引き続いて自殺率が高まった、この関係を指摘する人が多いのです。不況によって職を奪われ、働く場を失った人たちの苦悩がこの数字に現れているのではないかということが一つです。

十年ほど前のデータになりますが、図16のBをご覧ください。これは国際比較で、左から多い順に、自殺率、つまり人口当たりの自殺者数をプロットしたものです。日本は十番目ぐらいに位置しています。ということは、日本よりも自殺率の高い国、地域が十カ国ぐらいはあるのですが、よくみますと、リトアニアとかロシアの名があるとおり、そのほとんどは旧ソ連です。

ソ連というのは世界の半分を支配する超大国だった、冷戦時代というのは世界が真っ二つに割れていたんだということを、息子たちに言って聞かせないとわからない時代になりましたけれども、そのソ連がまさに空中分解したのが一九九一年でした。その後の旧ソ連国内の社会的な混乱は想像するに余りあります。それまで共産主義路線のもとに世界の半分を支配していた国が四分五裂したわけですから、国民の間には大きなアイデンティティクライシスと自信喪失が生じたに違いない。自分たちは何なのか、これからどういう方向へ行けばいいのかという、いわゆる自己同一性の混乱を起こしたことは想像にかたくありません。それらの地域に匹敵するほどの自殺率を日本が経験しているということを考えてみたいのです。

なお、ここにもありますように、十年ぐらい前のデータでは、韓国や中国は自殺率が低い国でした。とくに韓国は何かにつけて日本と似たところがあるけれども、自殺率はだいぶ違うということで、韓国に学ぶことがあるのではないかとも思われました。けれどもここ二、三年、韓国では自殺率がものすごい勢いで上がり、今では日本を超えてしまっています。

先日渋谷で、放送大学の学生への面接授業を行いました。その中に一人韓国から移ってきた方がいたので、何かコメントがあるか聞いてみました。彼はプサン出身の人でしたが、「それは先生、セーフティネットの問題でしょう」という。どういう意味かと聞いたら、「韓国は日本以上に競争の激しい社会で、学歴をめぐっても、職につくにあたっても、非常に激しい競争がある。勝者はいいけれども、敗者は何も与えられないのです。その競争に敗れた若者たちをすくいとる受け皿が今は何もない、まずそこに関連していると思います」というふうに、教えてくれました。考えさせられます。

最後に、もう一つのデータ、図16のCです。これは、男性の自殺率を年齢別にプロットしていったものです。横軸は年齢、左が若く、右に行くほど年配です。アメリカの場合は、二十代ぐらいに小さな山があって、それから後、壮年期というのはそんなに変わらない。三十代でも四十代でも五十代でも変わらなくて、そして悲しいことに、高齢に入ると自殺率がどんどん上がっていきます。

これはどこの国、どこの社会でもそうです。六十代を過ぎるあたりから年齢が進むにつれて自殺率が高くなっていきます。老いを抱えて生きるということがどれだけ厳しいものかということを、私たちはこのグラフにみるわけです。ですからまた、これを克服できるかどうかというところに、その社会の見識が問われているとも思うのです。

アメリカと日本のデータですが、七十代以降の曲線はほぼぴったり重なっているところにご注意ください。この年代ではアメリカと日本の間に違いがない。ところが、日本の場合は約十年前の五十代ですから、私よりも十歳ぐらい年上の人たち、おおむね団塊の世代の男性に自殺率のピークがありました。中高年の男性といったら勤労世代です。バブルがはじけたこと、失業率との関係、アイデンティティの問題。これらを考え合わせるときに、中高年の男性に何が起きたのかということが浮かび上がってきます。

アメリカの調査では、自殺を遂げてしまった人のほとんどは、直前に何らかの精神疾患の状態にあったというデータがあるので、その意味からは、自殺のリスクのある人たちを医療的に援助することが重要なわけです。これが日本ではまだまだできていないのではないかというのはもっともな指摘ですが、さらに大きな問題として、中高年男性に何かが起きていることが見のがせない。何が起きているかといったら、これはいろいろな分析があるでしょうが、終身雇用制が崩壊した後に、安定した職場というものを中高年の男性がもてなくなったことが出発点となる事実です。

たかが仕事じゃないか、仕事がなくなったぐらいで何で死ぬんだとそういいたくなる気持ちもある。しかし、それは違うでしょう。ある時期までの日本の中高年の男性にとって、職場というのは実にかけがえのないものでした。それによって家族を養う糧の源でもあったし、今の若い人には理解しにくいことでしょうが、昔はどこの会社の社員であるかということが、その人のアイデンティティを決めていたのです。

自分は何者かと自問するときに、たとえばNECの社員、東芝の社員、あるいは国鉄マンであることが、その人のアイデンティティであるという時代を、私たちはずいぶん長くもってきました。それが一夜にしてなくなってしまったとき、この人たちは一体どこで自分を支えていったらいいのかわからなくなったのです。ですから、不況の問題はただ経済的な問題ではなくて、先ほどの話に戻れば、心理的な問題であり、経済的な問題であり、そして霊的な問題ですらありました。

先ほどいいましたが、自分はどこから来て、どこへ行くのか、自分は何のために生きているのか、ということを意味づけすることが霊の次元の働きだとすると、職場を奪われたことによって、多くの日本の男性が自分の霊のよりどころを失ったという、そのことが、この痛ましい数字に現れていはしないかと思うのです。

「こころの健康とたましいの健康」と題したこの節の結論として、私の言いたいことはおわかりいただけたでしょうか。自殺の問題、あるいはうつ病の問題は、メンタルヘルスの問題として考えられるのですけれども、それはしかしspiritualな広がりをもっていて、そしてそのspiritualな問題、霊の問題のバックアップがしっかりできないと、中高年男性をはじめとして、多くの日本人のメンタルヘルスは本当に支えられはしない。spiritualな問題こそ重要なのではないかというのが、ここまでの結論です。

三　死生観の喪失と回復

(1) 日本人の死生観

spiritualな問題こそ、メンタルヘルスの真の急所ではないか。そんな思いに後押しされ、私は日本人の死生観がどうなっているのかということを、自分なりに勉強しはじめました。はじめにご紹介しました、二〇一四年四月に開講予定の「死生学入門」の宣伝になりますが、こんな内容も込めていますということで、日本人の死生観についてざっとおさらいしてみましょう。私は死生学の専門家とはいえないのですが、皆さんのお力を借りて進めたいと思います。

日本人の死生観はとても面白いと思います。面白さの由来の一つはそのルーツの豊かさでしょう。(図17)。まず、

日本人の死生観の源泉／結実

【オリジナル】
・日本の自然条件：慈愛に満ち、時に気まぐれな太母
・神道：惟神の道、自然崇拝・生命力信仰

【外来思想の影響下に形成されたもの】
・仏教：諸行無常、輪廻転生 ⇒ 解脱
　　因果応報、前世の因縁
・武士道：江戸時代に儒教（朱子学）の強い影響下に確立

【死生観の実験場／博覧会場】
・文学作品：『源氏物語』、『平家物語』、『方丈記』、『山家集』……『戦艦大和ノ最期』(吉田満)

図17

日本の自然が日本人の死生観に与えた影響はとても大きいと思います。震災もその一つです。どこの地域にでも災害というのはあるわけですが、日本の自然災害は、地震とか台風に代表されるように、突然襲ってきて、一時期激しく荒らし、あっという間に通り過ぎ、それが去った後はまた平穏な日が戻るという、台風一過型のものが多いといえます。

日本人はこうした災害に繰り返しさらされる中で、計画的に災害を予防するというよりも、来てしまった災害は水に流して忘れ、その復興に営々と力を注ぐ勤勉と楽観性を養ったのだということを、多くの人が指摘しています。

たとえば明治初期にやってきたお雇い外国人たち、『ベルツの日記』[5]のベルツは典型ですが、日本人は何と災害に強いのだろうと、驚嘆を記しています。日ごろは慈愛に満ちて豊かな実りを与えてくれるけれども、時に気まぐれなかんしゃくを起こす母親のような自然のもとで私たちは育てられているといえます。

神道は、宗教というよりも日本人の考え方の中に深く根ざした思考様式を表すものとして、ここに掲げるわけです。そこに仏教の影響が加わります。さらに、武士道です。武家の歴史は八百年の長さ

をもっており、その中で私たちがいま武士道として理解しているものは、江戸時代に朱子学の影響で練り上げられた比較的最近の姿です。そこには儒教の影響が非常に強くみられるので、仏教と一緒にここに並べてみました。

そして文学です。日本の文学は、それ自体さまざまな死生観の練り上げられる場所であり、またその成果が美しく語られる場でもあって、本当にすばらしいものです。『平家物語』や『方丈記』、それから西行の歌などは、日本人の死生観にはかりしれない影響を与えてきたでしょう。

そういう死生観を展開する場となった文学の最近の例として、教会に集う人々にぜひ知っていただきたいものがあります。『戦艦大和ノ最期』(6)です。著者の吉田満さんは、自分自身が戦艦大和に乗って出撃し、まさに奇跡的に生還を遂げた人でしたが、戦後受洗なさり忠実な信徒として教会生活を送られました。『戦艦大和ノ最期』は極限状況における死生のありさまを活写した傑作となっています。

さて、死ということをめぐって少し比較をしてみましょう。まず神道です。神道は仏教やキリスト教のような創唱宗教ではありません。開祖、つまりカリスマ的な創始者によってつくられた、きっちりした経典をもつ宗教ではない、自然発生的なものです。ただし、経典はないけれども、その思想を読みとることのできる古典はあり、『古事記』や『日本書紀』がそれにあたります。

イザナギとイザナミの物語は、皆さんご存じでしょう。このイザナギ、イザナミの夫婦別れの場に人の死の起源が書いてあるのはご存じでしょうか。イザナミが火の神を産んでやけどして死んでしまう。それが寂しくてイザナギは黄泉の国まで愛妻イザナミを追っていく。黄泉の闇の中で決して自分の姿を見てはいけないとイザナミが言うのに、イザナギが我慢し切れなくて、火をともして見てしまう。そこにはイザナミの無残に腐乱した遺体があり、びっくり仰天してイザナギは地上へ逃げ帰るのです。

辛くも逃げおおせたイザナギは、出雲の黄泉比良坂《よもつひらさか》という場所に大きな石を置き、黄泉の軍勢をイザナミごと封印してしまう。その岩越しに、イザナミが怒りに燃え、「私を裏切ったあなたへの復讐に、あなたの国の人間を一日に千人ずつ奪ってみせます」と呪いの言葉をかける。それに対してイザナギが「私の国ではこれから一日に千五百人が生まれてくる」と言葉を返すのです。

これを、日本人の死に対する考え方を象徴するものと読むことが可能でしょう。日本人にとって、死は避けがたい自然現象であって、おのずと生まれてきたようにおのずと死んでいくのです。だから、死の勢いは止めがたいけれども、千人を奪う死の勢いに対し、千五百人を生む生命の力によって、いわば数でもって押し返す。そのことによって地上の国はどこまでも栄えていくというのが、神話の示す死生の原型だろうと思います。それは、災害の後で営々と復興に取り組む日本人のたくましい姿と重なってきますけれども、死そのものを克服するといった思想は、そこに生まれようがありません。

もう一つ、死は穢《けが》れという考え方が神道にあります。「おくりびと」という映画をごらんになりましたか。よくできている映画で、私は大いに感動して見ました。あの中で主人公が、仕事がないので妻に隠れて納棺師の仕事をしている。それがばれて、奥さんがものすごく怒ります。夫がなだめようとして近寄ったときに奥さんが何と言ったか。「穢らわしい。さわらないで」と言ったのです。死が穢れだから、遺体を扱う納棺師の仕事は穢らわしいというのが彼女の直観的な理解で、脚本家はよく書いたと思いました。多分これは日本人の考えの根っこに強くあるのだろうと思います。

仏教について私はそれこそ深く語る資格はなく、つけ焼き刃の勉強ですが、面白いですね。本来、お釈迦様（釈尊）が説いた教えの中には、地獄もなければ極楽もないのです。釈尊は、命はろうそくの火のようなものであるといいました。ろうそくの火が消えたときに、火はどこへ行ったのかと聞く者はいない。火は消えたから消えたのだ。命も同じである。燃えている間はそこにあり、消えたらもうそこにはない、それだけだ。その真実を悟れというのが、お釈迦様の、ある意味で大変厳しい現実直視の姿勢でした。

一般に開祖の教えというものは教団の成長とともに修正され相対化されていくところがあります。仏教の場合には、もともと縁の深いヒンズー教の輪廻《りんね》の思想が取り入れられ、人間は繰り返し生まれ変わり生まれ変わりしていくが、その生まれ変わりの営みは基本的に苦悩の営みであると考えます。解脱《げだつ》して悟り、輪廻を脱して生まれ変わる必要のない境地へ入るのが修行の目的である、と。

はなはだ粗雑な要約ですけれど、そういうものを私たちはどこかで取り込んでいるように思います。神道的な自然発生論の基礎の上に、仏教の前世と来世の物語が重なります。因果応報などといわれますが、要するに前世に善いことをした者が今生で恵まれる。今生で善い行いをした者が来世で恵まれるという考え方は、どこか私たち日本人の中に根をおろしているのではないでしょうか。

武士道については、「武士道と云ふは死ぬ事と見つけたり」という有名な『葉隠』[7]の言葉があります。山本常朝という鍋島藩の侍が語ったことの聞き書きだそうですけれども、読んでみると、この『葉隠』というのは意外に面白いのです。たとえばこんなことが書いてあります。

武士というものは、何かとがを受けてその場で切腹を賜ることもある。登城したらその日が人生の最後になるかもわからない。そうであっても慌てることのないよう、日頃から身の回りは整えておきなさい、登城するときは、そうなっても恥ずかしくないよう身づくろいをして行きなさいというのです。「死ぬ事と見つけたり」とは、一見野蛮な言葉のようですけれど、常に死というものが自分の目前にあることを自覚して生を整えよ、というメッセージは、大変すぐれたものだと思いました。その部分に注目するなら、『聖書』の教えとも通い合うものがあります。

しかし明治以降、武士道が実際にどのようにとらえられてきたか。「悠久の大義に生き、死を見ること帰するが如し」という言葉は、ご存じかと思いますが、特攻隊員あるいは戦地に赴く兵士たちを鼓舞するためにしばしば使われました。「悠久の大義」、すなわち自分が奉じる価値あるいは集団が負っている大きな義、その義に殉ずることが自分の使命なのだから、自分一個の生死にもはや何のこだわりもない。だから「死を見ること帰するが如し」、つまり、あたかも自分の故郷の家に帰っていくように従容として死につくのが日本男児の心意気であるという、このような死の見方へと武士道はつながっていきました。残念なことです。

かつての日本人は、このように神道、仏教、武士道などの影響を受けながら死生観を育み、農村共同体を原形とする共同体の中で祖先崇拝を行ってきました。神仏習合のもとに各家には神棚や仏壇が置かれます。私も小さいころは学校で通信簿をもらってくると「仏壇に上げていらっしゃい」と母に言われ、まずはご先祖様に「こんな成績をいただきました」と報告したものでした。

そのように祖先から子孫へつながる、大きな時系列に沿ったネットワークの中に人間は生まれてきて、そこへ帰っていく。同時に現世とあの世の世界（他界）は何がしか交流をもっていて、それを現実のものにするのがお盆の習慣です。お盆には先祖がわが家に戻ってきて、やがてまた帰っていきます。そのように牧歌的で安定した死生観の中に、かつて日本人は生きていました。

(2) 死生観の喪失

バブルに先立つずっと昔、大変ショッキングな大事件を日本人が経験したのが明治維新でした。そして、敗戦は第二の明治維新だったと思います。死生観との関係でいうならば、日本人が千年単位の時間をかけて養ってきた伝統的な死生観が、ここで大きく動揺し、崩壊の危機にさらされたのです。少なくともそれは多くの人々にとって、当たり前に信じられるものではなくなってしまいました。

先にソ連崩壊の話をしましたが、明治維新以来、現代にいたるまで、私たち日本人は自分が何ものなのかよくわからなくなっています。とくに死生観という点からみて、自分がどこから来て、どこへ行くものなのか、それがよくみえなくなっているでしょう。バブル崩壊のところでみたように、経済的な混乱が経済の問題だけで終わらず、人々の存在を根本から揺るがすものにまで増幅されてしまうところにも、死生観の空白が表れているように思います。

ここでぜひご一読を勧めたいのが、岩波新書の『日本人の死生観（上・下）』です。一九七七年に発行されたもので、残念なことに、品切れ重版未定ですが、図書館にはありますし古書で手に入ります。この本は、いま申し上げたように明治維新から現在にいたるまでアイデンティティを揺るがされ続けてきた日本人の中から、アイデンティティの再構築を試みた人たちを取り上げ、論じています。本人がそういうつもりでやったというよりも、それぞれの懸命な生き方の中からそのようなモチーフが浮かび上がってくるといったほうがよいでしょう。そこに取り上げられた六人の顔ぶれが非常にユニークです。

明治大正期では、まず乃木希典《のぎまれすけ》。日露戦争の旅順攻囲戦の司令官で、後に夫人とともに明治天皇に殉死した乃木将軍です。次に、同じく軍属ですが、むしろ文学者として後世に名を残した森鷗外。それから、フランスのルソーの思想の紹介者であった中江兆民。そういえば鷗外と兆民は、生き方もキャリアも大きく違いますが、一つ似たことをしています。鷗外は自分の墓碑名に何ら社会的な属性や功績を記させず、ただ森林太郎とだけ彫らせました。

兆民は墓碑すら残していません。葬いにおいて社会的慣習のおしつけを拒否した点で、この二人は共通しています。

昭和に入って河上肇。正宗白鳥は、この六人の中では唯一のキリスト者ですね。そして三島由紀夫。三島や乃木の生き方が望ましいかどうかではなくて、この人たちの生き方、死に方が、一体自分は何者かということを問い返し、問い直す、近現代の日本人の努力の証しになっているということなのです。加藤周一ほか外国人二人を交えた著者・訳者もすばらしく、ぜひお読みいただきたいと思います。

(3) 死生観の回復に向けて

最近気づいたことを、最後にお話しさせていただきます。「死生観の回復に向けて」という、本日の副題にもかかわることです。

一言でいうなら、日本人は長らく死生観を喪失していたと思うのです。明治維新以来の大混乱があって、その末に日本人が集団として強引に一つの答えを出そうとしたのが戦時体制でした。戦前の天皇を頂点とする国家神道的な路線の中で、日本の国民は、「国のために命を捧げるのが当然である」という生き方を強いられました。

私は父からそのことを聞かされて育ちました。父は、陸軍幼年学校から士官学校へ進み、実際には戦地に赴くことなく一八歳で終戦を迎えました。その父が自分の陸軍幼年学校時代のことを振り返って、あれは一つの宗教であったというのです。一四歳で入校して以来、君たちの命は国のためにあるのだ、国のために命を捧げることが君たちの生まれてきた目的なのだということを、朝な夕な、一年三六五日聞かされ続けて育った。そのことを父は、あれは一つの宗教だというふうに振り返るのですが、言葉を換えれば死生観教育ともいえるでしょう。

これは陸軍幼年学校の生徒たちがエリートであったから、特別にそういう教育を受けたわけではありません。同じ教育、同じメッセージが全国民に対して発せられており、父たちはそれを典型的かつ強力に体験したにすぎません。その体制のもとにあの戦争をやって、そして惨憺たる結果に終わったわけです。それは政治や経済の敗北であると同時に、死生観の敗北でもありました。敗戦後に私たちはいわゆる自由を得て、あらためて自分たちの死生観を構築することができたはずですが、そうはなりませんでした。実際に起きたのは、私たちの死生観を作り直そうということではなく、もう死生なんていうことは忘れよう、そんなことはこりごりだ、死について考えることなどはやめて、生きることに専念しようという姿勢でした。生産し、建設し、繁栄を求めて前進することだけを考える、その中で死生観がぽっかり抜けたのが高度成長期ではなかったかと思います。

これは私だけがいっていることではありません。たとえば臨床心理学者として有名な河合隼雄が、亡くなる十年ほど前の一九九六年に『日本経済新聞』のコラムに書いています。高度成長期の日本ぐらい、死について考えなかった社会は、歴史上にも珍しいのではないか、本当に奇妙な時代であると。その奇妙な時代を担ったのが団塊の世代だったともいえそうです（図18）。

ちょっと精神科医らしいことを申し上げるとすれば、高度成長期になぜそういう死生観の空白が生じたかということについては、次の二つの心理学用語で説明できるのではないかと思っています。一つは「否認」、もう一つは「躁的防衛」です。この躁的防衛というのは、つらい体験、とくに何か大事なものを失う喪失体験があったときに、そのことにとらわれて落ち込むのを避けるために、逆に前向きのお祭り騒ぎによって喪失体験を克服していこうという、いわば、反動で乗り切る防衛様式です。

これもまた理屈ではないのです。双極性障害（躁うつ病）の方が、肉親にご不幸などがあった後で躁状態になることが臨床現場では珍しくありません。人間ってほんとうに簡単ではないのです。つらいことがあったから落ち込

戦後の日本における死生観の欠落

- 「もともと日本人は死ぬことばかり考えてきた。『武士道と云ふは死ぬ事と見つけたり』という言葉もあったし。戦争中は、死ぬことばかり考える悪い時代の典型だった。戦後はその反動で、生きる方へ振れた。日本人はますます伝統を忘れ、死を考えない珍しい時代が続いた。」

（河合隼雄『日本経済新聞』1996年６月22日付）

- ……団塊の世代と呼ばれる世代前後の人々になると、戦争直後の物質的な欠乏の時代の感覚をベースにもちつつ、まさに経済成長をゴールに、かつ圧倒的な「欧米志向」（日本的なもの、伝統的なものに対する否定的な感覚）のもとで突っ走る、という時代に育ってきた分、「死とは要するに『無』であり、死についてそれ以上あれこれ考えても意味のないことで、ともかく生の充実を図ることこそがすべたなのだ」といった意識をもつ人が比較的多いという感じを私はもっている（もちろん個人差が大きいのだが）。

（広井良典『死生観を問いなおす』筑摩書房、2001年、13頁）

図18

む、いいことがあったからはじけるという、そんな単純なものではありません。おめでたいことがきっかけになって、うつ病になる方がしばしばあるのとちょうど対照的に、ご不幸がきっかけになって躁状態になることがよく起きるのです。これは精神科医だったら誰でも知っていることで、葬式躁病という名前さえつけられているほどです。

高度成長期の日本社会は、敗戦という大きな大きな喪失体験に対する数十年越しの躁的防衛の状態にあった、と私は思います。それは戦争で失ったあまりにも多くのものを、経済というかたちで取り返そうとする、無意識の代償行為であったかもしれません。企業戦士などといいますが、これは言葉のあやではなくて、あの時代の日本人はほんとうに戦争を勝ち抜くような必死さとひたむきさを傾けて、高度成長を実現していきました。その半面、不自然なかたちでねじ曲げられた自分たちの死生観を修正し回復するという作業は、まったく置きざりにされてしまったのでした。

日本の死生観小史

戦前・戦中	過剰なスピリチュアリティと偏った死生観
敗戦	巨大な喪失体験と意味の喪失
戦後	高度成長（喪失体験の否認と躁的防衛）
バブル崩壊	遅れてやってきた「喪失」体験
世相の変化	ガン告知、臓器移植と脳死判定、超高齢社会
震災	防衛の破綻、本来の姿への回帰 （死と隣り合わせの災害大国／防災共同体）

図19

これも臨床の経験からいうことですが、たとえば家族を亡くした人がいるとします。非常に激しく嘆き悲しんでいるとしたら、これは痛ましいけれども精神医学的には何ら問題ではない。大事な人を失ったのだから泣くのは当然です。私たちが医者として心配なのは、大事な人を亡くしてつらいはずなのに、少しも悲しむ様子を見せない人のほうです。悲しむことがつらいので感情を抑圧し、悲しむことを避けて現実をみないでいるとしたら、そして必要なだけの涙を流さないとしたら、必ずツケが回ってきます。抑圧されたものが病気の症状として返ってきます。高度成長期に私たち日本人が深く抑圧したものが、高度成長の終わりとともに病理的な作用を引き起こし始めた、それがあの自殺率の高さに表れているのではないでしょうか。

そういう目でみますと、構造不況の中で今は長い陰鬱な時代が続いているようでも、ある意味ではチャンスが訪れているのかもしれません。六十年以上を経て、私たちはようやくじっくりと内省し、あの時代に失われたものへの痛みを確認しつつ、回復と再生を摸索できる状態になってきているのではないかと思います。以上に述べた日本の死生観小史を図19のようにまとめてみました。

四　結びに代えて

こうして私たちは、死生観というものについてあらためて考えることになります。そのとき、この日本の社会にキリスト教の死生観を接ぎ木していく可能性が私たちの前に開かれてきます。

先ほど紹介したような神道流の死の考え方あるいは仏教の死の認識、それぞれに特徴があり、長所があります。けれども、死と直面して、これを克服するという契機はどちらからも出てきません。私の知る限り、これはキリスト教からしか出てこないものです。『聖書』にあるとおり、罪の結果として死が入ってきたとするのが、キリスト教の死の理解です。そして、十字架の贖罪とキリストの救いによって復活に与かる希望を私たちはもっています。

命にはビオス（βίος）とゾーエー（ζωή）という二面性があり、肉体の「命（βίος）」は滅びるけれども、神とつながっている永遠の「命（ζωή）」は滅びることがない。この「命（ζωή）」を日本の社会に伝えていこうではないかと平山正実先生はインタビューの中でおっしゃいました。

今でこそホスピスケアというものはずいぶん広がり、仏教系のホスピス、神道系のホスピス、無宗教のホスピスなどがたくさんあります。けれども、日本の社会にホスピスケアというものが入ってきた当初は、ただキリスト教のみがそれを行うことができました。最初のホスピスは、院内独立型として浜松の聖隷三方原病院、院内病棟型として淀川キリスト教病院。いずれもキリスト教主義のホスピスから立ち上がってきたわけです。

学生のころ聖隷三方原病院に見学に行き、いろいろなことを聞かせていただきました。入居者（利用者）はキリスト者ばかりではありません。当時は原義雄先生が病棟長で、その原先生をつかまえて、「俺はキリスト教なんか信じない」と言って神学論争を吹っかけている元気のいい学校の先生がいました。そのようなかたちで神と対峙しながら、この方は地上の生を終えられました。

原先生がおっしゃるには、こういう方々のためにいろいろな選択肢があったほうがよいだろうと考え、お坊さんにも来ていただいて話をしてもらおうと思った。そうしたら、ある利用者が、「それはやめてくれ、まだ坊主は早い」と言ったのだそうです。この種のことが仏教界にとっても反省のきっかけになり、発奮されたことだろうと思います。今は仏教系の人たちも本当にいろいろいい仕事をやっておられます。負けてはいられません。私たちキリスト者はどこまでも『聖書』が伝える復活の希望を携え、この希望を中心に死生観を編んでいけるという点で、何にも替えがたい確かな力を与えられていると思います。

（二〇一三年十二月十七日、聖学院大学ヴェリタス館教授会室）

注

（1）石丸昌彦編著『今日のメンタルヘルス』放送大学教育振興会、二〇一一年。
（2）石丸昌彦、仙波純一編著『精神医学特論』放送大学教育振興会、日本放送出版協会、二〇一〇年。
（3）石丸昌彦編著『死生学入門』放送大学教育振興会、NHK出版、二〇一四年。
（4）American Psychiatric Association, *Quick Reference to the Diagnostic Criteria from DSM-IV*, American Psychiatric

Association, 1994.（American Psychiatric Association 編『ＤＳＭ－Ⅳ精神疾患の分類と診断の手引』高橋三郎、大野裕、染矢俊幸訳、医学書院、一九九五年。）二〇一四年に『ＤＳＭ－５精神疾患の分類と診断の手引』が出版されている。

（5）トク・ベルツ編『ベルツの日記』菅沼竜太郎訳、岩波書店、一九九二年。

（6）吉田満『戦艦大和ノ最期』講談社、一九九四年。

（7）山本常朝述、田代陣基筆録『葉隠』奈良本辰也、駒敏郎訳、中央公論新社、二〇〇六年。

われわれの命に再生はあるか
――キリスト教の復活信仰をめぐって――

大貫　隆

一　はじめに

ご存じの方もおられるかと思いますが、二〇一二年の七月初めに、日本聖書協会（Japan Bible Society）が「国際聖書フォーラム」という会議を開催しました。初回は二〇〇六年、次が二〇〇七年でしたが、五年ぶりに開かれて今回が第三回です。現在使われている『聖書　新共同訳』の改訳が進行中で、その改訳に携わっている研究者たちが集まって勉強会をしています。第三回の会議は、その勉強会を促進するという意味もあって、外国から三人ほどの研究者を招き、国内の研究者の講演もあって、たくさんの方がお集まりくださって行われました。

二日間にわたって会議は行われました。一日目のレセプションの席での歓迎の言葉をお願いしたいという日本聖書協会の依頼を受け、私は短いスピーチをさせていただきました。そのときに、私個人と日本の聖書学、とくに新約聖書学がどうなっているかという話もさせていただきました。スピーチが終わった直後に聖学院大学の平山正実先生がおいでくださり、聖学院大学で死生学研究講演会のシリーズをしているので、そこに来て一度話をしてみてくれないかというお誘いをいただいたのです。私はこのお誘いを大変ありがたくお受けいたしました。

今日は、聖書フォーラムでの話よりも、もう少しいろいろ聖書の箇所を引きながら、つまり、できるだけわかりやすくお話ししようと思います。

さて、「われわれの命に再生はあるか」というタイトルですが、別の言葉でいえば、「死んだものの復活はあるか」ということです。

ご存じの方も多いと思いますが、「使徒信条」という文章、信仰告白があります（讃美歌566番『讃美歌・讃美歌第二編』日本基督教団出版局）。その最後のところに、「身体《からだ》のよみがえり、永遠《とこしえ》の生命《いのち》を信ず」という一句があります。キリスト教はなぜ死人の復活を信じるのか。証明するわけではありません。でも、信じるわけです。死人の復活をキリスト教は信じるのだ、ということの意味を、東日本大震災のことが決定的な契機ですが、私はやっと今ごろになって、非常に遅れて了解したのです。それで、聖学院大学での講演のメーンタイトルを「遅れてくる了解」とし、サブタイトルを「われわれの命に再生はあるか」としておりました。

私は二〇〇三年に、『イエスという経験』(1)という単行本を出しました。それから二〇一〇年に、新書で『聖書の読み方』(2)という本も出しています。キリスト教の語り方というのは、心当たりのある方もいらっしゃるかと思いますが、どうしても内輪の言葉遣いになってしまいます。キリスト教の内部だけでわかる言葉遣いです。ところが、実際に大学で、キリスト教のことをほとんど知らない学生を相手に、「キリスト教概論」などの講義で話をする段になると、それではなかなかコミュニケーションできないという困難に直面するわけです。ですので、この『聖書の読み方』のほうは、キリスト教の外部にいる人にもわかる言葉を使わなければならないということを考えながら書いた新書です。ですが、今日はその新書のほうではなくて、最初に申し上げた、二〇〇三年の『イエスという経験』という単行本のほうに沿って、話をさせていただきます。その『イエスという経験』で私はどのようなことを書いたか、かいつまんで申し上げたいと思います。

二 『イエスという経験』

(1) すでに始まっている「神の国」

1 天上の宴席(祝宴)

私がこれから「イエスによりますと」と申し上げる場合は、処刑される前の一人の人間として地上を生きた歴史上の人物としてのイエスをさしています。そのイエスによると、神の国、神の支配といってもよいのですが、神の支配は、いま現に、いますでに天上で宴《うたげ》として始まっています。その天上の宴に、アブラハム、イサク、ヤコブに代表される遠い昔の死人たち、死者たちが連なっている。ちょっと計算してみますと、アブラハム、イサク、ヤコブというのは、イエス自身からみても一千年以上昔の族長です。そういう遠い過去の死者たちもすでに復活をして、その天上の宴の席に連なっているのです。

その様子はどこからわかるか、読み取れるかというと、ルカによる福音書一六章一九―三一節からです。新共同訳では、「金持ちとラザロ」と中見出しのついている段落です。二二―二四節にこうあります。

やがて、この貧しい人は死んで、天使たちによって宴席にいるアブラハムのすぐそばに［＝懐に］連れて行かれた。金持ちも死んで葬られた。そして、金持ちは陰府《よみ》でさいなまれながら目を上げると、宴席でアブラハムとそのすぐそばに［＝懐に］いるラザロとが、はるかかなたに見えた。そこで、大声で言った。『父アブラハムよ、わたしを憐れんでください。ラザロをよこして――、指先を水に浸し、わたしの舌を冷やさせてください。わたしはこの炎の中でもだえ苦しんでいます。』（［　］内は口語訳の表現、傍線は筆者による）

ここでは、貧しい人（ラザロ）は死ぬとすぐに、天使たちによって天上の宴にいるアブラハムのもとに連れていかれます。アブラハムのすぐそばに連れていかれるのです。反対に、生前贅沢の限りを尽くしていた金持ちはやはり死ぬのですが、死ぬと陰府に落とされて、業火にさいなまれながら、はるかかなたの天上でアブラハムのすぐそばに一緒に席に着いているラザロを見つけた。そこで金持ちは、ラザロを自分のほうによこしてください、ラザロが自分の指先を水に浸して、私のやけつくような舌を冷やしてくれるように、とアブラハムに願い求めているわけです。

私はそこに傍線を引きましたが、新共同訳にはアブラハムの「すぐそばに」とありますが、直訳すると、それはアブラハムの「懐に」と訳すことができるのです。新約聖書はギリシャ語で書かれていますが、ギリシャ語はその「懐」という単語が使われています。

なぜ「懐」なのかと不思議に思われるかもしれませんが、実は古代のユダヤ教の世界では、ユダヤ教に限らずギリシャやローマの古典世界、地中海世界の西のほうでもそうでしたが、正式の晩餐の場合はみんな長椅子に寝そべりながら食事をしました。そして主催者の場所は決まっていて、席次も決まっておりました。重要なお客さんは、主催者の一番近いところに寝そべります。もちろん長椅子はそれぞれ用意されていたと思いますが、取り皿が枕元にあって、真ん中に料理が運ばれてきて、それは給仕をする人がしたのかもしれませんが、指で取り皿に分けて、指で取りながら食べました。そして一番位の高いお客さんは、主人の見る角度によっては懐に寝そべっているように見えたわけです。ですから、すぐそばにというのは、すぐ懐にということです。

「指先を水に浸し」というところも傍線を引いていますが、それもいま申しましたように、指で物をつまんで食べますので、そのたびに水で指を洗って、次の食べ物を食べたということをさしています。

2　サタンは天上から地上へ追放されている

さて、イエスによると、サタンはもともと天上におりました。神のそばにいたのです。しかし、そこで神の国の宴が始まりました。その宴が始まったときに、おそらくその前でしょう、サタンは天上から地上へ追い落とされました。そのことを自分は幻で見ていたとイエスはいいます。それがルカによる福音書一〇章一七―一九節です。

七十二人は喜んで帰って来て、こう言った。「主よ、お名前を使うと、悪霊《あくれい》さえもわたしたちに屈服します。」イエスは言われた。「わたしは、サタンが稲妻のように天から落ちるのを見ていた。蛇やさそりを踏みつけ、敵のあらゆる力に打ち勝つ権威を、わたしはあなたがたに授けた。だから、あなたがたに害を加えるものは何一つない。（傍線筆者、以下同様）

傍線を引いたところ、「わたしは、サタンが稲妻のように天から地上に落ちるのを見ていた」と述べています。

ところが、サタンは地上に落ちてきてからも、それでおしまいということではなく、大小さまざま有象無象の部下を引き連れ、それは悪霊ですが、悪さをしているわけです。つまり病気や障害で人間を苦しめているということです。

病気や障害、そして突然の災いで命を落としてしまう。それを放っておくと、場合によっては神の正しさ、神の義、神が正義の神であるということに疑いが生じてしまう。こういうことを起こしてしまう神は正しい神ではないのではないかという疑いが生じてきてしまう。その可能性を、当時のユダヤ教の指導者は十分承知していました。疑いが生じては大変だということで、それを防ぐために当時のユダヤ教の指導者はどう説明をしていたか。そういう病気や障害や不慮の死を、多くの場合、当事者つまりその人が、モーセの律法を破ってしまった、その意味の罪を犯した、律法違反という罪に対して神が下した刑罰、神罰だと説明したのです。そういう説明しかなかったというわけではありません。ただ、多くの場合、そのように説明されていたといってよいと思います。

つまり、こういう説明は、何としても神が正しい神であることを弁護しようとしている説明です。ですので、短くそれをさしていうときには、弁神論あるいは神義論といいます。神を弁護する論、神の義を論証する論ということです。

3　イエスは断固として弁神論を退け、癒やしや悪霊払いを行う

さて、イエスという方は、そのような弁神論あるいは神義論を断固として退けて活動し、生きた方でした。病人や障害者を次々と癒やしていきました。そのよい証拠はたくさんありますが、一つだけあげてみましょう。ヨハネによる福音書九章の冒頭の場面です（一—三節）。

さて、イエスは通りすがりに、生まれつき目の見えない人を見かけられた。弟子たちがイエスに尋ねた。「ラビ、この人が生まれつき目が見えないのは、だれが罪を犯したからですか。本人ですか。それとも、両親ですか。」イエスはお答えになった。「本人が罪を犯したからでも、両親が罪を犯したからでもない。神の業がこの人に現れるためである。

本人や両親が罪を犯してその罪の因果がここに報いたのではないと答えた後で、その人の目を奇跡的に癒やします。

皆様はすでにご存じのように、福音書の中にはイエスが行ったそのほかの病気や障害の癒やし、それから悪霊払いの奇跡物語がたくさん伝わっています。明らかにイエスは、そのような癒やしと悪霊払いを実際に行ったと考えるべきだと思います。もちろんその場合、悪霊つきとか病気とかというのは一体どう定義されていたのか、それがどうなれば治ったと定義されたのかという問題もありますが、今は触れないでおきたいと思います。とにかく実際に、そういう悪霊払いや癒やしの奇跡を行ったと思います。

そういう癒やしや悪霊払いによって、イエスの一挙手一投足とともに、地上でも神の支配が拡大していくのです。「地上でも」というのは、天上で宴としてすでに始まっている神の支配が、地上での癒やしの自分の一挙手一投足とともに地上でも広がっていく、拡大していくとイエスは思っていた（マタイ12・28、ルカ11・20）。つまり、地上において神の支配がサタンの活動と対決しているわけです。自分はその対決の最前線に遣わされているとイエスは思っていたと、私は理解しています。イエスは一人の預言者として自分を理解していたといってもいいかもしれません。

4　死から復活して天上で生きる

天上の「神の国」の宴の話に戻ります。イエスは、先ほど申しましたように、アブラハムという太古の族長がその宴の席に着席していると考えていたわけです。そうだとすると、遠い過去の死人であるはずのアブラハムは、死人のままではなくて、すでに死から復活して天上で生きているのでなければなりません。事実、イエスはそう確信していたというのが私の見方です。

どこからそういえるのか、そのわけはマルコによる福音書一二章一八―二七節にあります。イエスがサドカイ派と死人の復活について交わす問答です。サドカイ派は死人の復活はないという立場でした。それに対してイエスは死人の復活はあるという立場です。そのことに関連する問答です。最後にイエスは答えています。

死者が復活することについては、モーセの書の「柴」の個所で、神がモーセにどう言われたか、読んだことがないのか。「わたしはアブラハムの神、イサクの神、ヤコブの神である」とあるではないか。神は死んだ者の神ではなく、生きている者の神なのだ。あなたたちは大変な思い違いをしている。

これは神がモーセに燃える柴の中から現れるという場面で、出エジプト記三章六節をさしています。その箇所のことをユダヤ人が手早くいうときは、「ほら、あの柴の箇所だ」といっていたのです。

「死人が復活することについては」といって始まったイエスの発言の中でそういわれるわけですので、最後の生きている者というところで、アブラハム、イサク、ヤコブは生きている者だとイエスはいいたいのだと読まざるをえないと私は思います。もう一度申し上げますが、イエスによれば、太古の三人の族長がすでに死から復活して現に天上で生きている。そのことをさしています。

そのように三人の族長はすでに天上の宴に着席していますが、それとは違って、まだこれから立ち上がって同じように神の宴に着席することになる過去の死者たちもいます。死から立ち上がるというのは復活するということです。過去の死者たちには違いないのですが、復活はこれからなのです。

それはどこから読み取れるのかと思われるかもしれませんが、それはマタイによる福音書一二章四一―四二節（ルカ11・31―32）からです。

ニネベの人たちは裁きの時、今の時代の者たちと一緒に立ち上がり、彼らを罪に定めるであろう。ニネベの人々は、ヨナの説教を聞いて悔い改めたからである。ここに、ヨナにまさるものがある。また、南の国の女王は裁きの時、今の時代の者たちと一緒に立ち上がり、彼らを罪に定めるであろう。この女王はソロモンの知恵を聞くために、地の果てから来たからである。ここに、ソロモンにまさるものがある。

比較的難しい発言ですから、実はいろいろ申し上げなくてはいけないのですが、とにかくここで引き合いに出されているニネベの人々はヨナの時代ですから、おそらく紀元前八世紀と考えられています。南の国の女王はシバの女王といわれている女王ですので、ソロモンの時代です。ソロモンの時代になると、もう少し古く、紀元前十世紀ということになろうかと思います。とにかくイエスの時代からみれば、大昔の死者たちです。

その彼らが間もなく立ち上がる。つまり死からよみがえって、裁きの座に着くというわけです。ですから、明らかにイエスによれば、過去の死人たちにとっても、なお未来がある。イエスが述べ伝えた神の国は、過去の死者たちにとっても未来でした。過去にも未来があります。

さらに次のようなエピソードも伝わっています。ルカによる福音書九章五九―六〇節です（マタイ8・21―22）。あるときイエスが神の国を述べ伝えながら、弟子たちと一緒に遍歴し、歩き回っていました。

そして別の人に、「わたしに従いなさい」と言われたが、その人は、「主よ、まず、父を葬りに行かせてください」と言った。イエスは言われた。「死んでいる者たちに、自分たちの死者を葬らせなさい。あなたは行って、神の国を言い広めなさい。」

イエスのメッセージを聞いた後だと思いますが、一人の男が、「私はあなたの後に従って、一緒に神の国を述べ伝えに行きたいと思いますが、折しも私の父が亡くなったばかりで葬式を出さなければなりません。葬りに帰らせてください」というわけです。これは有名な箇所です。

そして傍線のところをごらんいただくと、それに対してイエスがいったのが「死んでいる者たちに、自分たちの死者を葬らせなさい。あなたは行って、神の国を言い広めなさい」と。このイエスの言葉は、非常に解釈が難しい言葉です。おそらく福音書の中に伝わっているイエスの言葉の中で一番難しいのではないかと私は思っています。

普通はこういう解釈です。つまりイエスはこの言葉で、神の国の宣教が絶対的に緊急を要する、それを第一に優先すべきだと。自分の肉親が死んでも、この場合は父親ですが、その葬儀にさえ優先するということを宣言したのだと。

「その葬儀については」とイエスはいいました。そのやってきた男に向かって、「あなたには兄弟やほかの親族がいるだろう」。つまり亡くなったお父さんの親族、子どもたちはほかにもいるだろう。その者たちに任せておけばいいという解釈です。そうすると、この解釈の場合は、イエスの言葉の中の「死んでいる者たちに自分たちの死者を葬らせなさい」の最初の「死んでいる者たち」が遺族をさすことになります。

そうすると、今まだ現に生きている、その目の前にやってきた男の親戚、おそらくイエスはその人たちに会ったことはないはずですが、イエスはそういうまだ一度も会ったことがない遺族をさして、死人、死んでいるも同然の人たちだといったことになります。大体それが一般的な解釈だろうと思います。新訳聖書翻訳委員会訳『新約聖書』というものが岩波書店から出ています。そのマタイによる福音書には訳注がついていて、そう書いてあります。私自身はこの解釈に賛成しません。

ではどう読むのかといいますと、これも結論だけいわせていただくかたちになってしまいますが、イエスはむしろ過去の死人たちと同じように現在の死人たち——現在の死人たちというのは変な言い方ですが——いま死んでいく、あるいはいま死んだばかりの人、そのやってきた男の父親がそうですね。今このときに死んでいく者たちにも、神の国という未来があると考えていたのです。

神の国という未来があるということは、いま死んでいく者たちにも死からの復活があるということを含んでいるわけです。ですから、イエスがここでいいたかったことを敷衍的に言い直せばこうなると思います。死人たちには彼ら自身の未来がある。あなた（やってきた男）がそれを心配しなくていい。あなたはただちに神の国、神の支配を告げ知らせる働きに出ていきなさい。つまり私と一緒においでということだと思います。神の国は神が実現する未来ですから、あなたが心配しなくてもやってくる未来です。それが、イエスがこの言葉に込めた意味だと私はいいたい。これが私の読解です。

神の国にあずかるのは、イスラエルの歴史の中の死者たち、イスラエルの歴史の中の死者というのはユダヤ人ということになりますが、それだけではありません。ユダヤ人ではない異教徒たちも東西南北からやってきて、それにあずかります。マタイによる福音書八章一一、一二節がそう述べています（ルカ13・28―29）。

そこで「言っておくが、いつか、東や西から大勢の人が来て、天の国でアブラハム、イサク、ヤコブと共に宴会の席に着く」

ルカでは東西だけでなく「南北」も入っています。東や西からということは、要するにユダヤ教の枠を超えてと読むべきだと思います。

ですから異邦人もその宴に招かれているし、それに応じて着席する人がいるということになるわけです。ですので、すでに天上で始まっている宴に着席しているアブラハム、イサク、ヤコブたちは、いわば未来へ先回りしているということができます。これからやってくる人たちを待っているわけですから。待っているということは、未来に行っているということです。しかし、アブラハム、イサク、ヤコブは、大昔の死人でした。大昔の死人であった彼らが生き返って未来に先回りして、これから同じ宴にやってくる人たちを待っているわけですから、過去と現在と未来はここでは一つになっているのです。

私はこのことを何とか短い表現にしてみたいと思って、『イエスという経験』の中では、「全時的な今」という言い方をしました。全時的というのは、横文字にすればomnitemporalとなります。かぎ括弧をつけて「今」と書かせていただくわけは、その「今」は、時間の流れの中の前後関係の中の今とちょっと違う「今」だからです。過去と現在と未来を一遍に含んでいるような「今」だと私には思われます。イエスという方は、そういう今を生きていたと私は想像しています。

まさしく時は満ちています。マルコによる福音書一章一五節、イエスの公の活動の第一声でした。「時は満ち、神の国は近づいた」。そして「悔い改めて福音を信じなさい」と続いていきます。

5 「神の国」の先取りとしての宴

皆様ご存じのとおり、生前のイエスは実にさまざまな人々と食事を共にしました。もちろんそれは非常に質素な食事だったと思います。他方では、サロメという少女が見事に舞を舞って、欲しいものは何でも遣わすとガリラヤ領主、ヘロデ・アンティパスにいわれたという宴会もあったわけです。マルコによる福音書六章に書かれています。それは豪勢な宴会だったはずですが、それに比べればイエスが連なった会食、宴は庶民のささやかな宴であったに違いない。でも、それは来るべき神の国を地上に先取りする宴でした。マルコによる福音書二章一九節にはこうあります。

イエスは言われた。「花婿が一緒にいるのに、婚礼の客は断食できるだろうか。花婿が一緒にいるかぎり、断食はできない。

このように、婚礼の喜びの宴は、神の国の喜びの宴の先取りなのです。後にパウロはローマの信徒への手紙一四章一七節で、少しかたいことをいいます。「神の国は飲み食いではない」というのですが、イエスにとっては神の国は飲み食いそのものだったと私は思っています。それは圧倒的な喜びの宴でした。

イエスは自分が述べ伝えてきた神の支配が間もなく地上に力をもって、つまり、実際に実現すると信じていました。マルコによる福音書九章一節にそう書いてあります。

イエスは言われた。「はっきり言っておく。ここに一緒にいる人々の中には、神の国が力にあふれて現れるのを見るまでは、決して死なない者がいる。」

実際に力をもって「神の国」が地上に実現する、現前化するときには、エルサレムは地上の中心ではなくなります。その神殿は破壊され、「人間の手によらない神殿」が建つとイエスはいいます。マルコによる福音書一四章五八節にあります。

数人の者が立ち上がって、イエスに不利な偽証をした。「この男が、『わたしは人間の手で造ったこの神殿を打ち倒し、三日あれば、手で造らない別の神殿を建ててみせる』と言うのを、わたしたちは聞きました。」

これは裁判の席です。人間の手によらない神殿がエルサレム神殿に取ってかわるとイエスは述べました。その人間の手によらない神殿というのは、実は神の国をさしていたといってよいと思います。

そしてイエスは最後にエルサレムに上ってきます。そして神殿に向かってそのことを、つまりエルサレムが破壊され、神殿も破壊されて、そうではない神の国が地上に実現するということを宣言します。当然のことですが、それは神を冒瀆《ぼうとく》する行為とみなされました。イエスは自分の身に危機と最期が迫っていることをもちろん察知します。ですが、最後の晩餐を弟子たちとしたときにも、ですからぎりぎり最後の晩ですが、そこでもなおイエスは、神の支配が間もなく実現するかもしれないという希望を捨てていません。そして、その神の支配の中に自分は入れてもらえて、次にぶどう酒を飲むのはそこである、ぶどうの実からつくったものを飲むことになるかもしれないという希望を抱いています。これはマルコによる福音書一四章二五節から読み取ることができると私は思っています。

はっきり言っておく。神の国で新たに飲むその日まで、ぶどうの実から作ったものを飲むことはもう決してあるまい。

(2) イエスの死と復活信仰

最後の晩餐の後、イエスは逮捕され、二回にわたって裁判にかけられました。これはお読みになっていらっしゃるはずですが、気づいていらっしゃらない方も少なくないかもしれません。その裁判の間中、イエスは黙りこくっています(マルコ14・60—61)。

大祭司は立ち上がり、真ん中に進み出て、イエスに尋ねた。「何も答えないのか、この者たちがお前に不利な証言をしているが、どうなのか。」しかし、イエスは黙り続け何もお答えにならなかった。

自分の身に襲いかかってくる危機は、もちろんイエスは察知していたはずです。その意味を問い続けていたと考えるべきだと思います。深い沈黙に沈み続けています。

そして、その最後の最後に十字架の上で大きな声で「わが神、わが神、なぜわたしをお見捨てになったのですか」と叫び（マルコ15・34）、しかももう一回、「イエスは大声を出して息を引き取られた」（マルコ15・37）とあります。今度は大きな声を発して、絶叫して息を引き取ったといわれています。

そのとき、弟子たちはクモの子を散らすように逃げてしまいましたが、やがて立ち直りました。これを短くいうときには「復活信仰」といいます。つまり、殺されたイエスは神によってよみがえらされた、これが復活です。後の二文字である信仰は、それを弟子たちは信じるようになった。そういう復活信仰に到達しました。

1　原始キリスト教の復活信仰

裁判の間に、逃げてしまった彼らがどうして復活信仰にいたったのか。どうして考え方が変わったのか。これは専門用語を少しお許しいただきますと、解釈学的な問題です。そういう観点からすると、私は、原始キリスト教が成立したのは、つまり弟子たちが立ち直って復活信仰に到達できたのは、そして教団が成立したのは、イエスがいま申し上げた未決の問いを発しながら息を引き取ったからこそだったのだと考えます。つまり答えがすぐには出ない問いを残してイエスは息を引き取って終わったということがあったればこそ、その問いに対する答えを求めて、その解答として、あるいは問いを発見するというかたちでキリスト教は成立した、復活信仰が成立してきたと考えるべきだと思います。

その際に、原始エルサレム教団はイエスの死をどう解釈したか。一言で申しますと、贖罪《しょくざい》信仰の立場でした。つまり、イエスの死は神が人間の罪を贖《あがな》うために供えてくださった出来事だったのだ。しかもモーセの律法に準じて神が起こしてくださったお供え、供犠の出来事だったと。つまり供え物の犠牲だったという信仰に到達しました。

その場合の罪というのは、したがって、ユダヤ教のモーセ律法に対する違反を意味しているわけです。律法というのは法律ですので、この場合の罪はきわめて法律的な内容のものだと考えられているということになってきます。そういう法律的な意味の罪を贖うために、赦してもらうためには、民にささげるべき動物の犠牲ということが決められておりました。それはレビ記一六章にあります。

レビ記というのは旧約聖書の最初から三つ目です。最初から五つ目までをモーセ律法と呼びますので、レビ記はモーセ律法のど真ん中です。ですから、こうして原始エルサレム教会はイエスの死を贖罪の動物の供え物になぞらえる立場になってきました。そういうキリスト教になっていったのです。これを短く「供犠的なキリスト教」と呼ばせていただきたいと思います。

そうなっていったがゆえに、原始エルサレム教会はついにモーセ律法の拘束力を突破することができませんでした。モーセ律法は自分たちにも拘束力がある、有効だという考え方にとどまりました。

どうしてそうなったかといいますと、いま申し上げている彼らの考え方によれば、罪の定義もモーセ律法に従って定義されています。モーセ律法に対する違反というわけですから。イエスの死は、本当はそれを贖う動物のお供え物のはずですが、神が独り子を、その代わりにささげた犠牲だったという解釈です。それはレビ記の一六章に定められた規定を意識しています。ですから、供え物の犠牲としてのイエスの死も、モーセ律法を基準にして考えられているのです。すべてがモーセ律法の枠内で始まって終わっております。ですので、モーセ律法の枠組みを突破することができませんでした。

事実、原始エルサレム教会はその後、ユダヤ教化していきます。食べ物についても安息日についても、ユダヤ教に反りを合わせていく方向に進んでいきました。

2　パウロの「十字架の神学」

パウロは原始エルサレム教会の立場を知っており、その立場から出発はいたしました。ですが、パウロは自分の独自の考え方、通常「十字架の神学」と呼ばれる信仰へ、それを乗り越えていきました。

その十字架の神学によれば、イエスの十字架上の処刑は、神が独り子を律法によって呪われた死に渡した（遺棄した）出来事でした。ご注意いただきたいのですが、律法によってはかると呪われた死に方である十字架の死に、神がほかでもない独り子を渡した出来事だったというのがパウロの見方です。しかも神はその独り子の呪われた死、十字架の死とご自分を一体化された。なので、律法は突破された。さらに、しかし神は神ですので、その独り子を死からよみがえらせてくださっている。そのことによって、神は死を最終的に滅ぼす終末論的な戦い、終わりの時には死をも滅ぼすその戦いを始めてくださっている。そうパウロは考えるわけです。

（3）読者の反応

さて、いささか長くなりましたけれども、そのような私の『イエスという経験』という本でも書きましたあらましの中身に対して、読者からさまざまな反応がありました。もちろん好意的なご意見もいただきましたが、それを自慢げにいうのはあまり意味がありませんので、ここではむしろ、批判的な意見のほうを取り上げてみたいと思います。

私の印象にもっとも残っているのは、「随分思い切ったことをおっしゃいましたね」という、大学院時代からのある仲間からの論評でした。

あるいは現在も同じ専門に属する研究者の間からは、大貫さんの解釈は自分の生の意味を尋ね求め、捜しあぐねて、結局は破綻してしまう現代人インテリの自己投影ではないですか、大貫さんは自分のことを投影しているだけでしょう、という論評も頂戴しました。

さらに、長年懇意にしている牧師がいますが、その牧師にはもちろん真っ先に本を献呈いたしました。その牧師が、読み始めてはみたが読むに耐えなくなって途中で放り出してしまったというのです。これは本当に真顔でそう述懐しました。

とりわけイエスの最期の十字架の絶叫について私がいま申し上げたあたりについては、同じような戸惑いやつまずきを感じられた方がほかにも少なくないはずです。ひょっとして皆様方の中にも少なくないかもしれません。しかし、私は決して度胸のある人間ではありませんが、この問題に関してはあまり慌てておりません。比較的落ち着いていると思います。その牧師の言葉にも落胆はしませんでした。理由はよくわからないのですが、自分にそう思われるところを正直に語ったからだとしか私は申し上げることができません。

ただ、一つうれしいことがありました。それはゲルト・タイセン（Gerd Theissen）という私のドイツの友人の論評でした。彼は、ハイデルベルク大学で定年を迎えている方ですが、私の『イエスという経験』の英語版（二〇〇九年)[3] に序論を寄せてくれました。そしてその英語版の序論を、今度は、私の友人である西南学院大学神学部の青野太潮さんが学生と一緒に日本語に訳してくれました。[4] 序論のタイトルは、「破綻し、そして新たにされたイエスのイメージ世界――大貫隆氏のイエス解釈への導入」となっています。

この論評の中で、タイセンさんは何といったか。ユルゲン・モルトマンという組織神学者がいます。タイセンさんは、モルトマンの『十字架につけられた神』(一九七二年)[5] の中に大貫さんの見方と比べることができる観点があるということをいってくれました。そのモルトマンの見方をタイセンさんは、「イエスは本当に神に見捨てられる経験をするのだが、まさにそこにこそ、その死の救いの意義があるのである」と要約しています。

三 東日本大震災のこと

ここでちょっと話を一転させていただきます。皆さんは、二〇一一年三月十一日の東日本大震災をそれぞれどのように体験されましたでしょうか。

私ももちろんものすごくショックを受け、いまだにまぶたを離れない一つの映像があります。ただ、私はそれをテレビで見たわけではありません。そのニュースは、つまりさすがに映像として流せない映像だったのです。どういう映像かというと、「大震災の翌日から数日にわたって、合計数千の遺体が海岸、砂浜に打ち上げられた」というニュースです。それはやはり映像化できませんよね。でも、そのニュースを聞いた瞬間に私のまぶたにそのありさまが映像のように浮かんだわけです。

そのとき以来、その映像がまぶたに焼きついて離れておりません。そのとき私はそのことをイメージしながら、脳裏に描きながら、そのようにまるで死んだ魚のように打ち上げられた遺体の人たちにとって、これで本当に終わりなのかと思いました。この人たちはこれで終わってしまうのかと、この人たちに未来はないのかという問いでした。彼らの悔しさがひしひしと伝わってくるようでした。彼らにはなお未来がなければならない。正直私はそう思いました。

その悔しさは、残された遺族の方々においてはなおさらであったに違いないと思います。事実それからちょうど一年たとうかというとき、二〇一二年三月三日の『朝日新聞』の朝刊を見ていたら、コラム記事が載っていました。「鎮魂を歩く　恨みはない、ただ悔しい（岩手県野田村　東日本大震災）」というタイトルがつけられていました。ある記者が食堂経営をされていた佐藤君子さんという七九歳の女性を訪ねたときの記事です。村の女性職員と偶然一緒でした。

イベントやら何やら、色々誘ってはもらうんです。ありがたいんですけどね、静かにしといてほしいんです。……どこかの新聞社の人が前に来たときも、こう言いましたよ。つらい経験を乗り越えて前へ進もうなんて、そんな記事が書きたいんでしょう、お断りしますよって。

私［記者］は思わずメモをとる手をこたつの陰に隠した。

君子さんは、夫の勝雄さん（八一）と長男の隆幸さん（五三）を亡くした。海沿いの国道端にあった「はまなす食堂」はいま跡形もなく、生き残った女ばかりの身内四人で、隣の久慈市内の賃貸住宅で暮らしている。

村の職員を前にこうも言った。

一番先に考えたのは、どうしたら楽に死ねっかってこと。病気でインスリン注射してるから、これをいっぱい打てば熟睡したまま死ねるんじゃないかって、毎日毎日考えました。……別にだれを恨みもしないんです。ただ、悔しさは、悔しいのなっす。……じいさんは年も年だから、まあ、あきらめもつきます。でも息子はこれからの人だもの。私の心は、私でないと分からないですよ。

帰ろうとすると、君子さんは玄関先まで見送りに出て来てくれた。まあ、また寄ってくださいな。そう言って、こたつの上にあったミカンをくれた。(傍線筆者)

こういう記事でした。

(1)「贖罪信仰」の限界

この三・一一以後、キリスト教は何を語りうるのかという問いを突きつけられていると思います。多くの宣教者が今なお絶句しているのではないかと、私は想像します。不用意な天罰論を私どもはどこかで聞きました。それは論外だと思います。では、コリントの信徒への手紙一の一〇章一三節はいかがでしょうか。「神は乗り越えられない試練をお与えにならない」。

パウロの言葉です。「あなたがたを襲った試練で、人間として耐えられないようなものはなかったはずです。神は真実な方です。あなたがたを耐えられないような試練に遭わせることはなさらず、試練と共に、それに耐えられるよう、逃れる道をも備えていてくださいます」。ご存じのように、これは教会の内外でよく聞かれる有名な箇所の一つです。

しかし、私はあの震災の後で、とくに津波で瞬時にさらわれて、翌日数千の人が魚の日干しのように打ち上げられたイメージを前に、この箇所を引いて教会の説教ができるとは信じられません。また、犠牲者とその遺族を前にして、犠牲者たちの罪とその赦しについて語ることも少なくとも私はできません。どういう罪について語ればいいのでしょうか。

ですので、ちょっと思いきっていわせていただきますが、今ほど「贖罪信仰」の限界が明らかになっている時はないと思います。もちろん贖罪信仰といっただけでは誤解を招くかもしれません。ここで贖罪信仰というのは、先ほど申し上げたような原始エルサレム教会の考え方のことです。つまり、イエスが殺されたこと、死んだことを、贖罪のお供え、動物の供儀、犠牲になぞらえる立場でした。ただし、その後に申し上げた、パウロの十字架の神学、それも広い意味では贖罪信仰といって決して間違いではないと思います。ですので、一口に贖罪信仰という言い方は乱暴かもしれません。

そして、それぞれどちらの贖罪信仰であっても、個人レベルではそれは有意味かもしれません、意味があるかもしれません。ですが、キリスト教信仰にも平らかな時（平時）の信仰と、危機の時の信仰というのがあるのではないでしょうか。個人の危機の信仰、危機にも、個人にとっての危機と集団にとっての危機というか、もっと大規模な危機とがあって、個人を超えた危機があります。その危機の種類によって信仰というのはやはり違うのではないでしょうか。乗り越えられない試練はないという信仰と罪の赦しの信仰は、どちらも平らかな時の、あるいは個人の信仰としてはありうるし、意味があると思います。ですが、明らかにどちらも、今回のような大震災、未曽有の危機を乗り越える力にはならないと私は思います。

(2) 神の与える未来への確信

では、大貫さん、あなた自身はどう考えるんですか、と当然お問いになると思います。この問いに私は、次のようにお答えするしかありません。「神は津波で流された者たちと一緒にいた。地震と津波は神自身にまで達した」のだと。

もちろんそう考えるとすぐに大きな謎に直面してしまいます。なぜ神が創造したはずのこの世界に、こんな巨大な災いが起きるのだろう。言葉を換えれば、悪が起きてしまうのか。この問いに、イエスも、そしてキリスト教も究極的には答えることができないと私は思っています。答えることができないというよりも、答えようとしていないと思います。していないというのは逃げるという意味ではなく、その問いに答えるよりも、もっと大事なことがあるといっている。イエスはその代わりに、ひたすら神の未来、つまり、神の支配に希望を託している、ということだと思います。

考えてみれば、イエスの十字架上の絶叫も未決の謎でした。答えを求めた問いでした。先ほど申し上げましたように、謎の問い、謎というのはつまり答えがすぐには与えられないということです。その問いを大声で残してイエスは死んでいったわけです。これは私の想像ですが、イエスをそのようにして十字架上に失った弟子たちの胸の中には、悔しさの感情が去来していたのではないかと思います。いろいろな感情があったと思います。ですが、悔しさの感情もあったに違いない。あのように無残に殺されたイエスに、もうこのまま未来がないままでいいのかという感情です。

最初の弟子たちが復活信仰に到達して、原始キリスト教が成立したということは、いまの観点から申し上げると、「いや、そうではない。神はそのイエスに未来をお与えになった」ということと同じではないかと思うのです。

イエスの十字架の死に、神は自らを一体化されました。パウロによれば、そのイエスを死から神は復活させます。そしてそのイエスを死から復活させることによって、神は死に対して最後の終末の戦いをついに宣言している。パウロはそのことを、有名なコリントの信徒への手紙一の一五章でこう述べます。

キリストはすべての敵を御自分の足の下に置くまで、国を支配されることになっているからです。最後の敵として、死が滅ぼされます。(15・25—26)。

この朽ちるべきものが朽ちないものを着、この死ぬべきものが死なないものを着るとき、次のように書かれている言葉が実現するのです。「死は勝利にのみ込まれた。死よ、お前の勝利はどこにあるのか。死よ、お前のとげはどこにあるのか」(15・55—56)。

おそらく当時、同じ未来、終末への視線を開かれたものはパウロ以外にもいただろうと思います。ここで思い返していただきたいのですが、すでに申し上げましたように、殺される前のイエスも、過去の死人たちがやがて復活して、来るべき神の支配にあずかると信じていました。これは最初の部分で申し上げたことです。死人たちには未来があるとイエスは信じておりました。ですので、原始キリスト教徒たち、最初の弟子たちがイエスの復活を信じたということは、そのまま生前のイエスのメッセージを神がよしとしてくれた、生前のイエスが語り伝えていたメッセージを神が可としてくれた、是認してくれた、確証してくれた、そう信じることと同じだったと思います。

私は、キリスト教が三・一一以後でも語りうること、また語っていかなければいけないことは、神からの試練型の弁神論でもなくて、贖罪信仰でもなくて、まさに、私たちは死人たちには未来があると信ずる、そのことが中心ではないかと思います。

すでに申し上げましたように、そういう私の見方と似た見方が、モルトマンの『十字架につけられた神』でいわれているとタイセンさんがいうので、私は後ればせながら読んでみました。正直に申します。私はそれまで読んでいませんでした。ここに、私が共感をもって見いだした発言を、あげてみます。

「［イエスの十字架は］神（ご自身）が、イエスにおいて苦難し、神ご自身がイエスにおいて、われわれのために死んだ、ということをその論理的帰結として含んでいる」[6]、「神が十字架につけられた神になった」「死が神ご自身にまで達し」[7]、「終末論的な時間感覚においては、彼はわれわれの肉の中への、また十字架上の死の中への、来たるべき神の受肉と名づけられねばならない」[8]。

「彼［イエス］の十字架こそが、彼の復活がわれわれのためにもつ意味を示すのであって、逆に彼の復活が、彼の十字架の有意味性を示すのではない」[9]。

「この点が強調されねばならない理由は、……死にゆくキリストを、われわれの罪のための贖罪犠牲者〔贖いの供え物〕として表象する方式が、復活ケリュグマ［使信］との何ら内的な神‐学的な連関を示すことができないことによるものである」[10]。

それにしてもモルトマンの『十字架につけられた神』は、今から四十年前に翻訳が出ています。私はそれを今ごろになって発見している。遅れています。逸機も逸機、はなはだしい逸機です。何だ、そんなことも知らなかったのかというお叱りも頂戴しました。そういわれるまでもなく、私はそのことを恥ずかしく思っています。ですが、開き直るようで恐縮ですが、恥ずかしく思ってはいますが、私の心は意外とこの点でも晴れやかです。モルトマンのモの字も私は意識していなかった。けれど、同じ見方に自分が到達できたということを、ひそかにうれしく思っています。もっと正直にいうと、私には、モルトマンがとっくの昔にいっていたことを理解するのにそれだけの時間が必要だったということです。

自然科学、とくに実験を伴う科学、実験科学といってもいいかもしれません。そこでは実験によって仮説を検証、論証していくことができます。聖書学と組織神学、あるいは精神科学、人文科学ではそれはできません。ですが、今回私がモルトマン再発見をとおして思うことですが、精神科学、人文科学の領域では、ある人が、ある学説を唱える。そうとは知らない別の人が、別の時にそれと同じ、あるいはそれと似た考え方に到達する。そして「ああ、今ごろ自分がいっていることはあの時、とうの昔にあの人がいっていたことと同じだ」ということを遅れて発見する。そういうかたちで、精神科学と人文科学の領域では仮説の検証が起きていくのではないかというのが私の実感です。

聖書学というのは、それも新約聖書学、それもイエス論になると、いろいろな研究者がいろいろなことをばらばらにいっていて、一体どれを信用したらいいのかわからないという嘆き、お叱りがよく聞こえてきます。ですが、私はまんざら希望がないわけではないと思っています。これは私の終末論的な希望です。今は何も知らない人がやがていつの日か、何年か先にある考え方に到達なさったときに、よくよく調べてみたらその昔、大貫という男がこういうことをいっていたと、私のイエス論と似ていると思ってもらえることがあるとしたら、私にとってはこれにまさる喜びはありません。

もちろん聖書学という領域は、蓄積の厚い学問の領域ですので、とくにキリスト教文化圏ではその蓄積を虚心坦懐に学んで、それを共有しなければなりません。はばかりながら、私自身は、そのためにどれだけの時間とエネルギーを費やしてきたかわかりません。ですが、いったんそういう基礎を踏まえても、その後はどこの誰がいつどこでどういうことをいったのかということをカバーし切れない、見渡し切れないのです。複数の人が同じことをいっているときに、一番最初に言い出したのは一体誰だったのか。いわゆるプライオリティーの問題は確かに無視できない大事なことなので調べて尊重すべきです。そしてそれを公に表明すべきですが、でもそれは研究上のマナーの問題であり、事柄の本質にとってはどうでもいいことだと私は思っています。

どうぞ皆様方の聖書についての学びが、たくさんの遅れてくる経験と発見に恵まれてよいものとなりますように。

（二〇一二年十一月二十七日、聖学院大学ヴェリタス館教授会室）

注

（1）大貫隆『イエスという経験』岩波書店、二〇〇三年。
（2）大貫隆『聖書の読み方』岩波書店、二〇一〇年、岩波新書。
（3）Takashi Onuki, *Jesus' Time: The Image Network of the Historical Jesus*, Foreword by Gerd Theissen, Emory Studies in Early Christianity, Blandford Forum, Deo Publishing, 2009.
（4）G・タイセン「破綻し、そして新たにされたイエスのイメージ世界——大貫隆氏のイエス解釈への導入」、青野太潮、石橋誠一訳『西南学院大学　神学論集』69（1）、二〇一一年三月。
（5）Jürgen Moltmann, *Der Gekreuzigte Gott: das Kreuz Christi als Grund und Kritik christlicher Theologie*, Chr. Kaiser, 1972.

（J・モルトマン『十字架につけられた神』喜田川信他訳、新教出版社、一九七六年。）
(6) モルトマン『十字架につけられた神』喜田川信他訳、新教出版社、一九七六年、二六三頁。［　］内は筆者の補語。
(7) 同上書、二六九頁。
(8) 同上書、二五一頁。
(9) 同上書、二四九頁。［　］内は筆者の補語。
(10) 同上。〔　〕は訳書による。［　］内は筆者の補語。

信仰者にとっての心の病

関根　義夫

一　はじめに

私は精神科医ですが、無教会の信仰をいただいた者として、自分で聖書の集会をもち、毎週の聖日礼拝を行っています。今日のテーマは「信仰者にとっての心の病」としましたが、私が出会った方々のことを中心に、考えていることをお聞きいただければ幸いです。

私は今日、事例を三つ考えてみました。事例一、事例二は、私自身が直接ご本人をよく知っている例です。そして事例三は、一八八五年に生まれ、一九三四年に召された高倉徳太郎という牧師の方についてです。彼についてのある論文を読みまして、いろいろ考えさせられることがありました。私は『一精神科医として生きる』（キリスト教図書出版社、一九九九年）という小さな本を書いたのですが、その中でちょっと取り上げたことがあります。その後ずっと気になっていて、もうちょっと深めなければいけないのではないかと思っていた例です。われわれ臨床家の仕事というのは、ご本人に会わないと何もいえない、想像でいうわけにはいきません。そういう意味からいえば、私は高倉徳太郎を論じる資格はないのですが、どうしても自分として何らかの結論は出したいと思い、今日、取り上げさせていただきました。

この高倉徳太郎牧師のことを資料で調べようとしましたが、どこへ行ってもその資料はなかなかありません。大学図書館や、県立図書館へ行って高倉牧師の全集を読みたいと思って探したのですが、どうしても見つかりませんでした。今回、聖学院大学での講演の機会が与えられ、聖学院の図書館を利用させていただいて準備することができました。

今日の話をするにあたって、まず、パウロの言葉、『新約聖書』コリントの信徒への手紙二の四章七節「ところで、わたしたちは、このような宝を土の器に納めています」をあげたいと思います。「この並外れて偉大な力が神のものであって、わたしたちから出たものでないことが明らかになるために」というのがパウロの言葉ですけれども、今日の話をさせていただく上で、この言葉がずいぶん私の導きの言葉になりました。イエス・キリストを信ずる信仰を与えられている者ですが、次の三つことを述べておきたいと思います。第一は、当たり前のことですが、信仰者も心の病にかかることがある、ということ。第二として、信仰が心の病を癒やすこともあるが、そうでない場合もある。信仰をもったから心の病が治りやすいかというと、必ずしもそうはいえない、ということ。もちろん、信仰の力によってずいぶん支えられることはあると思いますが。第三に、「心の病にかかった」、あるいは「治らない」のは、「信仰が足りない」、あるいは「信仰が間違っている」からとはいえない、ということです。

これは私の基本的な考えですが、心の病は、信仰とは別に、ほとんどの場合、適切な（精神医学的な）治療が必要です。信仰者が、その心の病に対して適切な治療を受けることが、信仰を否定したことにはならない。そして、適切な（精神医学的な）治療を受けることは、信仰者に与えられた神の恵みである、と私はとらえています。

つづいて、事例を紹介して説明していきたいと思います。

二　心のよりどころ、真理を求めるA青年

A君は二四歳の二月、突然家を出て消息を絶ってしまいました。その後、三年あまり経過したあるとき、彼の自宅近くの公園の片隅にある、ふだんは誰も近づくことのない、近所の人から「防空壕」と呼ばれていた草むした古い横穴の中で、英文聖書をしっかり胸に抱いた姿で、遺体となって発見されたのです。

A君には、彼のことを心配する仲間がたくさんいました。信仰を共にする仲間が何人もいたのですが、そのような仲間の前から姿を消して三年あまりたったときに、今申し上げたとおり発見されたのです。非常に特徴的なのは英語の聖書をしっかり胸に抱いた姿で発見されたということです。

私とA君との出会いは、今井館聖書講堂での講演の後でした。今日のように自分の精神科医としての経験を五回にわたって話をする機会が与えられ、その第一回目が終わったときでした。私の話を聞いてくださっていたあるご婦人の方から、どうしても会ってほしい青年がいるのだけれど会ってもらえないだろうか、という話があったのです。それで「いいですよ、会ってみます」ということで、彼と会ったのです。

ですから、私とA君の出会いというのは病院での患者と医師の出会いではありません。そのご婦人の方が彼のメンタルな面、心の問題がちょっと心配だなと感じたから、そういう話をした私に相談してみたらということで紹介してくださったわけです。ですから、そういう意味では、ある部分は精神科医として彼に接したわけですが、ほか

の部分では同じ信仰に立つ先輩と後輩というような感じでもあったと思います。それから、私は兄と二人兄弟で弟はいませんが、彼が自分の弟にも思えた、そんな感じで彼といろいろ話をしました。A君はちょっと痩せ気味で眼鏡をかけていましたが、その眼鏡の奥からのぞく彼の目は細くて優しかった。人懐っこい感じで、二度、三度会って、彼が非常に真面目で正義感が強くて、いちずに物を考える青年だということがよくわかりました。

いろいろA君から話を聞きました。勉強もよくしたようです。高校のときは地学部にいて、その部長先生からよく褒められたというようなことを彼はにこにこしながら話すんです。また大変頑張り屋なところがあって、高校のマラソンで最後まで走り抜くというところもありました。それからもう一つは音楽。クラシック、とくにバッハ。一時は本当にバッハのとりこになって、「僕はもうバッハ以外には何も聞かなくなっちゃったんですよ」と言ったことがありました。彼はこのまま勉強すれば国立のいい大学へ行けると言われていたのですが、理由ははっきりわからないのですが、高校二年のときから暗礁に乗り上げて前に進めなくなってしまった。高校三年のころには「この世の終わりが来る」「自分の持っている物をすべて捨てよう」と真剣に考えたことがあった、と話してくれました。

ずっと後になってから、私は一度だけA君の家を訪ねたことがあります。彼はお母さんと二人で住んでいたのですが、そのときは彼が事故を起こした後で、彼はこんこんと眠っていました。彼の部屋はそんなに広くはなく、四畳ぐらい。その部屋の四隅に本棚があって、その本棚に内村鑑三全集や矢内原忠雄全集、三谷隆正全集、それから著名なキリスト者、先人の全集がびっしり詰まっていて、それと同時に別のところには哲学関係の全集が詰まっていました。あの部屋に入ったときとても驚いたのですが、彼がいかに熱い思いで、確かなもの、心のよりどころ、真理を求めていたかを目の当たりにする思いでした。

彼はどうしても大学へ行きたいということで浪人を繰り返していたのですが、四年目の挑戦で都内の有名私立大学の哲学科に合格して、私たちは大変喜びました。けれども、なかなかスムーズにいかないものです。その年の十二月には調子を崩して、また精神科の病院への入院を余儀なくされました。でも二カ月ぐらいの入院で元気になって退院して、仲間と一緒にあちこち旅行へ行ったり、アルバイトをしていました。あるとき私のところへ電話をかけてきて「先生、これから徹夜のアルバイトに行きます」と言うので、私も慌てて「大丈夫かい」というようなことを言ったのですが、彼は「大丈夫ですよ」と言っていました。

そのころですか、彼がこういうことを私に言いました。「礼拝が終わった直後がいちばんのんびりする。礼拝がもっと続いてほしいと思う」。礼拝に参加することによって彼は本当に心からの安らぎが与えられ、のんびりすることができるので、礼拝がもっと続いてほしいと思うと言うのです。それを聞いて彼の道はなかなか厳しいな、と思ったのです。「僕みたいにどぎまぎしてしまう人間には、聖書の断定的な表現が強烈に響いてしまう。聖書にはいろいろなことが書いてあって、とても迷ってしまう」。聖書は易しい言葉で書いてあるといわれ、実際に言葉は易しいけれども、その書いてあることとは逆を意味するような場合もあるので、迷ってしまうと言うのです。

それから彼はこう言っていました。「新聞の大きな見出しを見ると、活字の大きさだけで何が起こったのかとびっくりしてしまう」。そういった彼の言葉を思い出すと、本当に私は胸が痛みます。私は説明するときに、アンテナの感度が非常に繊細、良すぎるということをよく言うのですが、まさに彼はそんな感じでした。彼の心がどんなに繊細で、どんなに傷つきやすかったかということを、今でも思わずにはいられません。

彼はこうも言っていました。「自分の内面がわからない、継ぎはぎ細工でしかない。しかしそのような自分であることは、私にはわかっている」。こういうことを言うのです。あるとき彼は私に、「ぜひマックス・ピカートの

『騒音とアトム化の世界』を読んでほしい、これが僕の遺言だと思ってください」なんていうことを言いました。

A君は結局、家を出てしまったのですが、家を出る二日前の晩に電話が来て、「僕はもう取り返しがつかない」と言って電話で泣き続けました。私も慰めようがなくて、とにかく明日会おうと約束をして電話を切りました。次の日の午後、彼は約束どおりに私を訪ねてくれました。彼は私の部屋の非常に粗末なソファーに座ると同時に、今までの自分のつらい思いを涙ながらにひとしきり語り続けました。気持ちが少し落ち着いてきたとき、彼は私にこう言いました。「人間は真実に生きる義務があるんですよね。私の認識は悲観だが、希望は楽観です」。これはアルベルト・シュヴァイツァーの言葉だと思います。

その晩、彼からまた電話がありました。願っていた学生寮に入ることができたという喜びの電話でした。それで私は、「ああ、よかったね。あなたの願いがかなって本当にうれしいよ」と、彼と喜びを共にしたのですが、彼は次の晩に家を出て姿を隠してしまったのです。

私は、A君が英語の聖書を抱いた姿で見つかったという知らせを受けたとき、彼の悲しみと苦しみは私の思いをはるかに超えて深かったのだなと思わないわけにはいきませんでした。正しいことや義なることをとことんまで追い求め、決して妥協しなかった彼ゆえに、彼はずいぶん苦しんでしまったけれども、A君の希望が主イエスにあったということは、彼が召されたときに聖書を胸にしっかり抱いていたということからもわかります。

A君はなぜ英文の聖書をかたく胸に抱きしめながら私たちの前から姿を隠してしまったのか、その理由がどうしても私にはわかりません。統合失調症とも診断されかねないような際どい言葉、「もうこの世の終わりが来る」とか「自分の内面がわからない」「継ぎはぎ細工でしかない」というような言葉を聞くと、医者としてドキッとするわけです。彼は精神科の治療を受けていたわけですが、私自身はそういう際どい彼の発言を聞きながら、やはり彼を病気だとみることはどうしてもできなかったのです。

A君はお母さんと二人で住んでいましたが、それは彼が小さいときにご両親が離婚してしまったからです。その後、お母さんは本当に一生懸命働いて彼を育ててきた。だから心の優しい彼は、お母さんに完全に従わざるをえなかった。しかし一方で、彼は父親を密かに慕ってもいたようです。彼のお別れの会が信仰の友人たちによってもたれ、お母さんもおいでくださいました。私も彼と本当に親しくしていたのでお別れの言葉を述べました。そしてお別れの会が終わった後、何人かで集まって、このままではもったいないので彼の遺稿集を作ろうということになりました。私も、その当日私が読んだ「お別れの言葉」をお母さんに贈りました。しかし、その後二十年近くにもなりますが、その遺稿集はいまだに実現していませんし、彼のお母さんからは、その理由はもちろん、何の連絡もないままです。

死の理由については、私の推測の域を超えていますけれども、A君の死ということが現実に起こったときに、彼の苦悩の大きさを今さらながら思わしめられるわけです。今日、彼の話をしていいものかどうかずいぶん迷ったのですが、私の心にA君が今でもしっかりと刻み込まれているということを自分自身に言い聞かせる思いもありまして、今日皆さんの前で話させていただきました。

三　こだわりの強いBさん

次の例は、キリスト者の家庭に育った初診時二八歳の女性Bさんです。両親によれば、高校三年のころから不調だった。拒食があって、リストカットがあったということです。拒食があったものですから、ご両親は摂食障害だろうということで内科の病院に治療を依頼したようです。私もある方から紹介されて、ぜひ診てほしいということでお会いしたわけです。

お会いしてみると非常に腰が低く丁重で、一見して穏やかな方でした。痩せていて、背が高い方でした。時々、話が進みますと、丸い大きな目をぎゅっとつぼめて笑うんです。自分が失敗したときのことなどを話すときにそういう動作をするのです。その姿、年に似合わないあどけなさがとても印象的でした。

「自分でもおかしいということはわかっているのだけれども、食事が自由にできない。決まった時間に、決まったものを、決まった量だけしかどうしても食べられない」とBさんは言っていました。別のときには、食べても食べても満足せず、そのためにおなかが苦しくなってしまい、もう長い間、下剤を頻繁に使うという習慣ができていたそうです。排便のときに腸が三〇センチも出てしまうということがある。そのつど自分で手を使ってある程度押し込むと、それは自然に治るんだ、ということを言っていました。出てしまってもとに戻らないということも何回かあって、慌てることがあり、もしかしたらその出た腸を切らなければならないのではないかと外科の先生に相談したことがあったようです。もとに戻るからそこまでする必要はないだろうということで、そのままになっていました。

このBさんは実によく話す方で、時には涙を流しながら自分の生い立ちを語ってくれました。いくら時間があっても足りないくらい、次から次へと自分のことを話し続ける方でした。私の診療時間は、長くても一時間ぐらいなのですが、終わりの時刻になっても彼女の話が続くわけです。私もその話をもうちょっと聞きたいけれども次の患者さんが待っているので、そこで止めてしまうことも何度かありました。そうすると彼女は「わかりました」と言って素直に帰っていきました。

Bさんは腰まで達する長い髪で、みんなからカットしたらどうだと言われていたそうです。私もその髪のことを聞きました。そうすると、「カットすると自分がなくなってしまいそうな気がして、どうしてもできない」と言っていました。

彼女の両親はキリスト者で共稼ぎです。彼女もごく小さいころから両親の信仰的な雰囲気の中で育ったけれども、もう長いこと教会には行っていないと言っていました。母親が非常に精力的に仕事をする方で、職場でも評価が高くていつも忙しく、家に戻っても職場の仕事をこなさなければならないようで、彼女が十分にゆっくり話すことはなかったようです。父親も、この母親の姿勢を支持して、「お母さんは今、大事な仕事をしているのだから、みんなでお母さんを支えようよ」と言って、家中でお母さんの活躍を支えるというかたちでした。

Bさんはそういうわけで、調子があまりよくなくなって家で療養するようになりました。そうすると、母親はますます忙しく仕事に力を注ぐようになり、彼女に家事全般を任せるようになったそうです。そのころから彼女は一日中台所から離れることができなくなりました。彼女以外の家族は、家を出ていく時間もまちまちで、帰宅時間もまったくばらばらで、その一人一人の家族に支障なく十分食事をさせるために、彼女はいつ誰が来てもいいように、絶えずそのために万全の準備をしていなければなりませんでした。ますます彼女は自分の時間をもつことが難しくなり、とくに母の日課に完全に取り込まれてしまうことになすすべがないような状態でした。

こういう話を聞いて、私はどうしたらいいだろうかと考えたわけです。

Bさんは家にいると自分の自由な時間を全然もつことができない、だから何とか彼女に自分の自由な時間をもたせる方策を考えました。家から一駅電車に乗った隣の駅にアパートを借りてもらい、彼女を単身で住まわせて、自宅での束縛された状況から自由になってもらい、そこから病院の作業療法などに通うようにしたらいいだろうと思い、ご両親にそれを説明しました。そうしたら、「ああ、いいですよ。娘がよくなるなら私たちも賛成です」と、アパートを借りる経済的な負担が大きいわけですけれども納得してくれました。

この処置は一見うまくいったようでした。彼女はその後間もなく十何年かぶりで、その長い髪をカットして私の前に姿をあらわしました。そのときの彼女のうれしそうな顔は今でも目に浮かんできます。けれども彼女のこだわりの強い生活というのはやはり続き、排便時の腸の脱出もなかなか治りませんでした。外出時の戸締まりや、とくにガス栓に対する強いこだわりで、だんだん外出もままならないようになりました。

外出するとき、Bさんが心配するのは水道栓とガス栓なのです。私たちが普通外出するとき、確かにガス栓や水道の蛇口をきちんと締めなくてはと、大体指で締めて、締まったな、出てないなということで納得するわけです。ガス栓もそうです。ガス栓も大体締めて、スイッチを入れても出ないから満足するわけです。彼女はそうではないのです。彼女は普通にやっただけでは満足できない。どういうところまでやるかというと、水道の蛇口やガス栓をまさに渾身の力を込めてぎゅーっとやるわけです。では何を基準にそれを離すかというと、自分の手の、指の痛さなのです。だからもうこれは一種の自傷行為みたいなもので、自分を痛めて痛めて、それが極限まで行ったときにようやく満足する、そういうことなのです。

それを見てお母さんはあるとき、自分が知っている教会の牧師先生に彼女のことを話しました。その牧師先生はとても親切な方で、ご夫妻でBさんのアパートを訪ね、彼女の話を聞き、彼女のために一生懸命祈ってくれました。そのことがあって彼女も少し安心したのか、じゃあ家へ戻って生活してみようということになりました。彼女はアパートから自宅に戻り、それと同時に教会に通い始めました。お母さんもちょうど退職の時期で、彼女と一緒に教会に通うようになりました。彼女はその牧師先生のメッセージを喜び、私のところに診察に来るときも、今度の礼拝のときのメッセージはこうだったんですよと、喜んで報告してくれました。

結局、その牧師先生を尊敬していたものですから彼女は洗礼を受けることになりました。それ以後、彼女は礼拝に通うということが生活の中心になりました。でも、彼女のこだわりは必ずしも良くならなかった。

私はあるとき、Bさんに強く服薬を勧めました。それまでも勧めていたのですが、彼女が乗ってこないものですからそれ以上言わなかったのです。薬を飲むということと信仰とはまた別の問題だということを彼女はよくわかっていたのですが、どうしても服薬に納得してくれなかったのです。今までの方法を続けたのでは良くなる可能性がないので、あなたの治療者として私はもうこれ以上責任をもつことができないと彼女に言いました。そうしたら彼女はずいぶん考えたあげく、私の処方した薬を飲んでくれるようになりました。抗うつ剤一錠と抗不安薬一錠の二錠を寝る前に一回です。そうしたら私どもが驚くぐらいに、この薬が効きました。彼女は外出が自由にできるようになって、教会にも熱心に通えるようなりました。

それから三年か四年ぐらいで、私はもう大丈夫だと思って、少し薬を減らしてみよう、一日置きにしてみようと思いました。できれば薬を飲まないで状態が良ければいいと、それで減らしたのです。最初のうちは大丈夫そうでしたが、結局は不安感が強く、もとに戻ってしまいました。それで私は、もう冒険しないで、そのまま行くことにしました。この抗うつ剤と抗不安薬を一錠ずつ飲むことはほとんど問題がない、これで症状が緩和するなら、生活の質を守るにはそのほうがずっといいということで、彼女は服薬を続けて落ち着いた状態です。

あれからもう二十年ぐらいBさんとつき合ってきて、結局は、なかなか彼女の生活の自由度を広げることができませんでした。ですが、Bさんは信仰に支えを見いだして、時には自分の老後のことを心配することもあるのですが、今は一緒に住んでいるご両親の面倒を見つつ、ちょっとアルバイトをしながら過ごしておられます。彼女が残された人生を少しでも生活の質を保って、そして充実した日々を送ってくれるようにと思わざるをえません。

四　高倉徳太郎牧師

次に、高倉徳太郎牧師（一八八五〜一九三四）の場合をお話しします。ご存じの方は多いと思いますが、信濃町教会の創立者で、大正から昭和初期にかけての有力な神学者、説教者です。非常に力強い熱の入った説教をなさったそうです。教会の指導者として日本のキリスト教界に非常に大きな影響を与えたと、どの本にも書いてあります。佐藤敏夫という方が『高倉徳太郎とその時代』（新教出版社、一九八三年）という本を書いています。著者についてインターネットで調べたところ、高倉牧師のお嬢さんと結婚されています。東京神学大学の学長もなさった方で、名誉教授であり、五年ほど前に召されたようです。その本の中に「高倉がかかった病気はうつ病である。一九三二年に発病し、二年ほど病に苦しんだ末、ついに一九三四年の四月、自らの命を絶っている。これを信仰的にどう判断したらよいのだろうか(1)」と書いています。

はじめに申し上げたように、私はある方の高倉徳太郎牧師に関する論文を読んで、それから関心をもつようになったわけですが、キリスト者の自死の問題はなかなか深刻な問題です。私の親しい友人も、信仰をもって共に礼拝をしていた方ですが、あるとき召されてしまったということがありました。この問題はどう考えたらいいのでしょうか。

それで、聖学院大学の図書館で、『高倉全集』第十巻「日記書翰」（高倉全集刊行会、一九三七年）にあります日記や親書、手紙を参考にさせていただきました。その資料も交えて私なりに一つの結論を出してみました。

(1) 生涯の概略

図1は年譜です。高倉徳太郎は一八八五年(明治十八年)四月二十三日、京都府綾部に生まれました。お父さんは実業家でしたが、五歳のとき両親は離婚したそうです。八歳のときにお父さんが再婚なさったのでしょう、熱心なキリスト者の継母を迎えたと書いてありました。一五歳のときに上京し、正則中学校に入学します。一八歳で金沢の第四高等学校に入学し、そこでキリスト教と出会います。キリスト教との出会いというと、継母もキリスト者だからということもあるのですが、本当に魂に触れ、彼の人格の深くにキリスト教の教えが入ったのはそのとき、ということでしょう。そして、高倉は植村正久牧師を本当に尊敬していたわけですが、その金沢の教会で植村のお弟子さんと出会ったということのようです。

一九〇五年、二〇歳のときに東京帝国大学法科に入学。富士見町教会に出席。これは植村正久がいるからです。植村正久の説教に感動。二一歳、クリスマスに植村から洗礼を受けました。そして二三歳、帝国大学法科をやめてしまう。はじめは政治家になろうと思って法科に入ったのですが、彼は突然、その大学をやめて植村が校長をしている東京神学社に入学する。それから二五歳で東京神学社を卒業するのですが、以後、富士見町教会で植村の手伝いをしたり、京都の吉田教会や北海道札幌の北辰教会で牧会に従事しました。

一九一三年、二八歳のときに結婚します。奥様は、東京神学社での同窓生と伺っています。三三歳のとき母校東京神学社で教える。このころ彼の創作意欲がだんだん熟してきて、『キリスト教の祝福』、『恩寵の王国』と次々に発表します。そして、三六歳のときに留学、イギリス(スコットランド)に向けて出発。三年ほどスコットランド

年　譜

1985（明治18）年４月23日、京都府綾部に生まれる。

５歳　両親離婚、８歳　熱心なキリスト者の継母を迎える。

1900年（15歳）、上京、正則中学に入学。

1903年（18歳）、第四高等学校（金沢）に入学、キリスト教との出会いを経験する。

1905年（20歳）、東京帝国大学法科に入学。富士見町教会に出席、植村正久の説教に感動。

1906年（21歳）、クリスマスに、植村から洗礼を受ける。

1908年（23歳）、大学を中退し、東京神学社に入学する。

1910年（25歳）、東京神学社を卒業、以後、富士見町教会、吉田教会（京都）、北辰教会（札幌）にて牧会に従事。

1913（大正２）年（28歳）結婚。

1918年（33歳）、母校東京神学社で教える。このころ次々に著作を発表。（『キリスト教の祝福』、『恩寵の王国』等）

1921年８月（36歳）、イギリスに向けて出発。

1924年３月（38歳）、イギリスより帰る。６月、戸山教会創立。

1925年１月８日（39歳）、植村正久召される。

植村を継いで東京神学社校長に就任。彼のもっともエネルギッシュな著作活動期。（『恩寵と真実』、『恩寵と召命』等）

1926（大正15）年（42歳）、主著『福音的基督教』発表。

1930（昭和５）年６月（45歳）、信濃町教会創立。

1932（昭和７）年（47歳）、『カルヴァンにおける恩寵と道徳』執筆。

このころから心身の不調を訴えるようになる。

1933（昭和８）年（48歳）６月４日、無期限の休養を申し出る。

８月、東京神学社校長を辞任。

12月24日、クリスマスの礼拝で、12名に洗礼を授ける。

12月26日、東京帝大病院島薗内科に入院。

1934年３月30日、突然大学病院を退院し、自宅に戻る。

４月１日、長男徹の信仰告白を喜ぶ。

４月３日、自宅で逝去（自死）。

図１

で改革派の神学を学んで帰ります。その六月に、高倉の家庭集会から始まったといわれていますが、現在の新宿区百人町に戸山教会（信濃町教会の前身）を創立します。彼が三九歳のときに植村正久牧師が召され、彼は植村を継いで東京神学社校長に就任します。彼のもっともエネルギッシュな著作活動期です。『恩寵と真実』、『恩寵と召命』などを発表しています。そして一九二六年（大正十五年）、四二歳のときに、彼の主著といわれる『福音的基督教』を発表するわけです。

崔炳一（チェ・ビョンイル）という方の『近代日本の改革派キリスト教』という本があります。その中に高倉徳太郎のことを、「この時期の高倉は牧会や東京神学社の運営に精力的に取り組む一方で、旧日本基督教会のリーダーシップにおいて大きな影響を与え、それは一九三〇年［四五歳］まで続いた。この時期は、高倉の人生における黄金時代であった(2)」と書いてありました。

一九三〇年（昭和五年）六月、四五歳のとき、新宿区信濃町に場所を移し、信濃町教会が創立されます。それで戸山教会から信濃町教会に改称されたわけです。一九三二年（昭和七年）、四七歳、『カルヴァンにおける恩寵と道徳』を執筆。高倉はカルヴァンを非常に尊敬し、大事にしていたようです。

そして、このころから心身の不調を訴えるようになったそうです。一九三二年九月と書いてある本もあります。そして翌年一九三三年、四八歳、教会に無期限の休養を申し入れます。その八月に東京神学社校長を辞任。十二月二十四日、クリスマスの礼拝で一二名に洗礼を授けました。二十六日に東京帝大病院島薗内科に入院します。ところが翌年の三月三十日、突然大学病院を退院、三ヵ月余りで自宅に戻ります。二日後の四月一日、牧師である長男徹さんの信仰告白を非常に喜んだ。そして、四月三日、自宅で自死により逝去されました。

高倉の日記にみられる心身不調の記載　1

1932年（昭和7）（46歳）

2月9日：実に疲労す。Exsaust［消耗］せしめらるるを思う。16日：終日――疲労。数日来の苦闘が出でて大に疲れる。21日：なんとなくうっとうし、心がくもる。

6月6日：空虚、12日：心重し

8月18日：睡眠出来ぬは残念、19日：疲れて殆んど読み得ず、25日：睡られず、いろいろな心が湧く。

9月26日：昨夜は夢又夢、よく眠られず、……

11月21日：昨夜は胃腸が痛みて眠を夥しく妨げられる。……絶食と定まる、……

1933年（昭和8）1月以降

1月29日：睡眠薬を用いしも一睡もせず

3月4日：昨夜実にgloomy［陰気、憂鬱、悲観、絶望的］―― sad［悲しい］―― 孤独、26日：教会にかかる負担をかけることは実に相すまぬことと思う。

4月4日：余はいかに辱めらるるもよきなり　24日：心労は神に対する不忠実。申しわけなし、ただ悔ゆべし。26日：心が楽しまずとも……

5月1日：心は深きlonely［淋しい］なり。

7月12日：神と人との前に、自分程利己的なものなし、……

10月27日：「ねんまく」下り、血が下り、一日中気分悪しし。

図2

(2) 心身の不調

佐藤敏夫は、高倉牧師の病気はうつ病だといっているのですが、高倉がどういうことを自覚していたかということを日記で探れるのではないかと思い、一生懸命日記を読みました。すると高倉が日記に自分の心身不調の記事を書いているのです。その代表的なものを図2にあげます。

この日記を読んでみますと、高倉は体調が不良でありながら一生懸命本を読もうとしているのです。これも後でまたお話ししますが、「殆んど読み得ず」とあります。本を読めないということは、神学者高倉にとっては本当につらいことだったと思います。「胃腸が痛みて……」という記述もあり、絶食したりもしてい

高倉の日記にみられる心身不調の記載　2

1932年以前にみられる記述

1927年（昭和２）（41歳）

１月18日：昨夜眠り不足にて、……今日は何となく心にgloomyな気分がぬぐい去り得ず、近来になきこと。世をいとう如き心……

1928年（昭和３）（43歳）

４月20日：終日何もせず。２，３日来睡眠出来ざる為め閉口なり。

５月14日：いろいろなる不安…… 30日：昨夜より眠られず、刺激あり、疲労す、疲労す。……如何に厭世的になるならん……

６月２日：手紙の来るごとに、これを待つ心よりも、むしろ不安に思うことの多きは――如何――　19日：罪深く、何程の価値なき我ぞや。健康を少しく害せり。

７月21日：余の信仰に愛と喜びとの欠けたるは如何…… 。

図３

るのです。

一部分しかあげませんが、このような彼の不調の記録をまとめてみますと、心身不調として彼が訴えた日記の記述は、頑固な睡眠障害、眠れない。それから持続する疲労感、眠れないから疲労感も取れない。読書などの精神生活能力の減退。悲哀感、孤独感、空虚感。それから強い罪責感、自責感。喜びや快さの感情の希薄化、つまり楽しみを感じない、喜びを感じない。胸内の苦悶、不安感。頑固な胃腸障害など。このようにまとめることができると思います。

図３も心身不調の記載です。研究書には一九三二年九月ごろうつ病発症と書いてあるのですが、その前から同じような記録があります。日記にみられる不調の症状からどういうことがわかるかというと、それ以前の高倉牧師の、年譜からうかがわれる潑剌とした姿とは明らかに異なった彼の姿です。それまでは元気潑剌に、エネルギッシュに神学的な著書を書いたり、牧会を精力的に進めていたわけです。けれどもそれとはまったく逆の、異なった彼の姿を示しています。しかもこういう状況が繰り返して確認できるのです。

高倉の、自らの心身不調に対する姿勢の特徴
1928年（昭和３）（43歳） ６月19日：罪深く、何程の価値なき我ぞや。……されどただ感謝して、凡てを主に任せまつる可し…… 1932年（昭和７）（47歳） ８月18日：昨夜はよく睡れず。……何となく疲労——睡眠出来ぬは残念。されど此の時を感謝して進めよ。 12月５日：余はもっともっと信仰に於て自己と神経とに克たざる可からざるなり。 1933年（昭和８）（48歳） ７月10日：キリストが極まで愛し給う、主の愛の対象たる我——生に対する責任、之を重んぜよ——父なる神は何ものよりも近くあり給う。然り何ものよりも——ただ進めよや、進めよや。 信仰に固く立って——死すともよきならずや。死以上の世界のあることを深く深く思え。

図４

これはあくまでも日記からの推測ですが、一九二七年一月（四一歳）から一九二八年七月にあたる部分、それから一九二九年十二月から翌年の三〇年四月ごろ、それから彼が召されるまで続く一九三二年（四七歳）以降。そこにみられる不調の状況はおそらくうつ病相であり、三回反復しているのです。これは資料の上からの確認です。確実にということはありませんが、強いて推測すればこういうことになります。

(3) 自らの心身不調に対する姿勢

もう一つ、高倉牧師の、自らの心身不調に対する姿勢には非常に特徴的なところがあります。例えば一九二八年六月というと、もう具合が悪くなり始めています。「罪深く、何程の価値なき我ぞや。……されどただ感謝して凡《すべ》てを主に任せまつる可《べ》し」と書くのです。一九三二年八月十八日、「昨夜はよく睡《ねむ》れず。……何となく疲労——睡眠出来ぬは残念」と言って不調を訴えるのですが、「されど此《こ》の時を感謝して進め」と書いています。十二月五日、「余はもっともっと信仰に於て自己と神経とに克たざる可からざるなり」といっている。それから一九三三年七月というと、具合は非常に悪くなっているわけですが、「キリストが極《きわみ》まで愛し給う、主の愛の対象たる我――生に対する責任、之《これ》を重んぜよ――父なる神は何よりも近くあり給う。然《しか》り何ものよりも――ただ進めよや、進めよや。信仰に固く立って――死すともよきならずや。死以上の世界のあることを深く深く思え」という日記を残しているのです。

私はこれを読みまして、「重篤な心身不調状態（うつ状態）にあっても、常に主への感謝と依り頼みの姿勢を崩すことがなかった。これは、召される直前まで変らなかった」ということですから、これは非常に重要な所見だと思います。

高倉牧師を知る人がどのように高倉を評しているか、病前性格といいますが、高倉の「元来の人となり」についてです。福田正俊という方は信濃町教会の牧師をなさった方で、高倉の教えを受けた方です。その全集に、「高倉と対座していますと、『この人は自分を偽れない人だ、自分に対しては徹底的に真実であろうとする、恐るべき人だ、破壊も殉教もおそれない人だ』という強い印象を受けた(3)」とあります。

それから、斎藤勇という方の著作に、高倉は「常に極度に緊張した態度をもって前進的奮闘を続けた。……預言者風の熱誠をこめて獅子吼すると同時に、会員ひとりびとりの魂のために懇ろな注意と篤い友情とを惜しまなかった。渾身これ良心であった。……善悪、信不信などの問題については、極度に敏感であった。『世の罪を取りのぞく子羊』のおもかげがあった。ただしこの子羊にははげしい憤りがあった。生来自我の強い人で、その自我を我執としないために、密室の祈りにはしばしば熱涙をおさえきれないこともあったろう。そして逞ましい、したたかな信仰に立って、単刀直入、ただちに悪魔の牙城に迫る力があった(4)」、と書いてありました。

高倉牧師の「元来の人となり」を私なりにまとめてみますと、高倉は非常に正義感が強く、義務感も強くて責任感が強い。きわめていちずで良心的、信不信に敏感、ごまかしができず、中途半端はできず、何事にも徹底して目標に向かって奮闘する、こういうエネルギッシュな人だったのです。激しく、豊かな情緒。会員の一人一人にも本当に懇ろに接する。その一方、自我の強い人、けれどこれが我執にならないように自ら苦闘した人。このように高倉の人となりをまとめることができます。

(4) 元来の人となりの精神医学的理解

次に、この高倉牧師の「元来の人となり」をどのように理解するかです。

まず一つ、その徹底した責任感や正義感、そしてどこまでも良心的な姿勢は、その行動力と相まって、対社会的には、有能な指導者として高い評価を受けるだろう。これは実際そうでした。もう一面、しかし、この「人となり」の特徴が、その良心的、強い責任感の徹底性、外に向かっての奮闘性のゆえに、意識せずして容易に、過大な負担を自らの心身に課すことになり、過労・疲弊状態にいたらしめるかもしれない。この二つの面がみてとれます。もう一つ、高倉は、良心的に責任をどこまでも確実に果たそうとするあまり、信濃町教会創立以降、彼を囲む多事多難の中で、自らを心身の疲弊状態に追い込むことになった。それを証言する言葉として、先ほどの福田正俊牧師の『信濃町教会四十年——時の間に』にこういう記載がありました。「牧師［高倉］が願っていた諸教会の改革というような問題は、息ながくなさるべき、個人の生涯をも超えてつづけられるべき、大事業なのである。しかし牧師はそれも息づまるような性急さで実現しようとしていた(5)」。

高倉牧師の「元来の人となり」についての精神医学的な私の考えですが、さらに信仰という点からみると、彼は、その、どこまでも良心的な姿勢、信仰の指導者としての強い責任感から、自らの心身の不調を、信仰の足らなさによる結果と考え、ますます自らの信仰を徹底させ、その不足を補うべく努力することによって、その心身不調状態を克服しようとしていた、といえます。

療養するようになってからの高倉の生活をみてみると、一生懸命神学書を読んで勉強しているのです。先ほどもあげましたが、「余はもっともっと信仰に於て自己と神経とに克たざる可からざるなり」。一九三三年四月二十四日、「心労は神に対する不忠実。申し訳なし、ただ悔ゆ［悔いる］べし」、七月十日、「主の愛の対象たる我――生に対する責任、之を重んぜよ……ただ進めよや、進めよや」。このように彼は自分にむち打つわけです。

私はたまたま、聖学院大学の鵜沼裕子先生の「高倉徳太郎の生と死をめぐって――一信徒の立場から」という論文を読みました。鵜沼先生の「偉大な指導者と仰がれ多くの追随者を抱えていた牧会者として彼のなし得たことは、自らの描く牧師・信仰者の理想像に少しでも近づこうと自己を打ちたたくことしかなかったであろうと思われる」[6]という記載をみて、ああ、これは見事な記載だと思いました。

それからもう一つ、重篤な心身不調状態、うつ状態にあっても、常に主への感謝と依り頼みの姿勢を崩すことがなかった。この姿勢は、召される直前まで変わらなかった。この点からいえば、信仰的にみれば高倉牧師の姿勢というのは本当に立派であったということができます。

このような高倉の、「元来の人となり」に発する彼の姿勢が、ますます彼の心身の疲弊を招き、「うつ病」を進行させることになった。この高倉の姿勢は、「うつ病」の治療原則（心身の疲労をもたらすあらゆる状況から離れて休養する）に沿わない療養姿勢でした。その結果として一層「うつ病」を悪化させ、死にいたらせることになった、といえます。

鵜沼先生も同じようなことを書いています。「高倉は、福音同志会を初めとする四囲の状況に追いつめられたばかりでなく、自分で自分を逃れようのない場所へと追い込んでしまったのではなかったか。そしてそれはまさに、鬱病の治癒という観点からすれば、最悪の態度であったのではなかろうか」[7]。まさにおっしゃるとおりです。

(5) 病を救う手だて

最後に、「高倉牧師の病を救う手だてはなかったのか」という問いを立ててみました。私の結論は、高倉の病は、もしかしたら、単なるうつ病ではなく、現在の病型分類からいえば、広い意味の躁うつ病の一型（双極性障害II型）における「うつ相」かもしれない、というものです。

それは、高倉の「元来の人となり」（病前性格）が、単極性うつ病のそれとは異なり、激しさ、徹底性、奮闘性等の「強力性」をもつ、「執着性格」といわれるものと考えられるからです。単極性のうつ病の方の病前性格は、こういう強力性はありません。かえって弱力性。周りの人に気を使って自分を抑えるとか、雰囲気を壊さないために配慮するとか、自分が遠慮してしまうという弱力性といわれるものが特徴的です。高倉の場合はそうではなく、強力性格をもつということがはっきりしています。

双極性障害II型というのは、ここ数年非常に強調されるようになった病型で、現在の精神医学は、このような病態に十分対応できる力と経験を備えています。当時は、今から七十年も前であり、日本における精神医学の揺籃期でした。呉秀三などがおられた時代ですが、医学としてはまだ十分な市民権を得ていませんでした。精神の病気というと、ハンセン病や結核と同じような扱いを受けました。とても恥ずかしい、隠さねばならない病気という認識が一般的でした。

私が非常に残念だと思ったのは、なぜ内科に入院したかということです。胃腸の調子が非常に悪かったからでしょうが、その当時は、確かに東京都内には精神科の病院というのは少なかったのです。けれども今の都立松沢病院、その当時は巣鴨病院といっていたのですが、呉秀三の指導によって松沢村に新しい病院ができ上がっていました。もちろん精神の病が市民権を得ていない当時としては、有名な牧師が精神病院に入院したとなれば社会的影響も大きかったかもしれない。しかし、彼の「元来の人となり」が、その病態に密接に関係していることを見抜くことは、やはり内科医にはできなかった、できたのは精神科医だけであったろうと思います。

高倉がなぜ苦しまなければならなかったかというのは、彼の病前性格という特徴が非常に大きく影響するわけですが、もし府立松沢病院なりに、つまり精神科領域の病の取り扱いに慣れている病院に入院していたら、たとえ現在のような診断能力や薬物療法などがなかったとしても、内科的にはみえてこない病の実態が、完全ではないにしてもとらえられ、それに対する精神科的対処がなされ、高倉の予後は違っていたかもしれません。

ちなみに東京帝国大学病院の島薗内科の診断名は、聞いただけで確認していませんが、睡眠障害と神経衰弱だったそうです。睡眠障害にしても神経衰弱にしても、これは症状名、状態像で、病気そのものの診断ではないのです。ですから、うつ病という診断がなされていたらどうだったかということがあります。これはあくまで後の人間が、少ない資料で勝手なことをいっているわけですから根拠はないのですが、私の現在の高倉徳太郎牧師についての結論はこういうものだということを皆さんにお伝えできればと思います。

五　まとめにかえて

「信仰者にとって心の病は、肉の病と同じように、癒やされる場合もあり、癒やされない場合もある。しかし、たとえ癒やされない場合でも、彼が救いから洩《も》れることはない。それは、たとえ彼が、自ら死を選んだ、と思われる場合ですらも、それが病によることを思えば、なおさら例外ではない」。これが私の考えです。

私は最後に、主イエスの言葉をあげたいと思います。

わたしが生きているので、あなたがたも生きることになる。(ヨハネによる福音書一四・一九)

最後は今生きて働いていらっしゃる主イエスに依り頼むということです。高倉はその主に依り頼もうと必死になっていたわけですが、それを主イエスが軽くあしらうなどということは絶対にありえないと私は考えております。

(二〇一二年七月十三日、聖学院大学ヴェリタス館教授会室)

注

(1) 佐藤敏夫『高倉徳太郎とその時代』新教出版社、一九八三年、二二一頁。

(2) 崔炳一『近代日本の改革派キリスト教――植村正久と高倉徳太郎の思想史的研究』比較社会文化叢書9、花書院、福岡、二〇〇七年、二一八頁。

(3) 福田正俊、井上良雄ほか編『福田正俊著作集Ⅱ――神学論文集』新教出版社、一九九四年、二五九頁。

（4）斎藤勇『思い出の人々』新教出版社、一九六五年、一八八頁。
（5）福田正俊『信濃町教会四十年――時の間に』日本基督教団信濃町教会、一九六四年、五二頁。
（6）鵜沼裕子「高倉徳太郎の生と死をめぐって――一信徒の立場から」『聖学院大学総合研究所紀要』50号、二〇一一年、一四六頁。
（7）同上。

II

平山正実の医療哲学

――キャリーという共苦の思想――

黒鳥　偉作

一　平山正実の創造的人生

二〇一三年十二月八日、キリスト者にして精神科医であり、約半世紀にわたり日本の精神医療に貢献した平山正実は七五歳の生涯を閉じた。葬儀は近親者、牧師、チャプレンのみで行われ、二〇一四年一月十一日、聖路加国際病院聖ルカ礼拝堂にて記念式が執り行われた。当日は人であふれ、礼拝堂に入ることのできなかった参列者が多数いた。献花の列は一時間を超えて続いた。

二〇〇九年十一月、平山は肺がんを患い、手術や抗がん剤治療が行われた。しかし、病状については限られた方にのみ知らされており、闘病中も診療や執筆活動、教育を精力的にこなした。最晩年においても、「地域活動支援センターかなめ」の設立のために病院を抜け出すことがしばしばあった。執念ともいえるその姿勢は、精神医療に人生をささげた平山の生き方そのものを物語っている。精神病理学や病跡学に基礎を置き、患者を客観的な物的対象としてではなく、人格をもった、病める存在としてとらえ、地下水のように流れる人間の奥深い実存や創造性に焦点をあてようと挑み続けた。

半世紀以上精神医療に携わり、精神疾患を患う生活に視座を置き、二十年以上にわたってデイケアや訪問支援、家族会など地域精神医療に尽力した。自死予防とともに、遺された家族へのいわれなき非難を知り、遺族支援を重要視した。また、看護師をはじめとする医療者の罪責感にも注目し、大学の講義やグリーフケアを通じて惜しみない支援を行った。そして、日本の教会やキリスト教系の大学において精神医療と神学、牧会をとりなす仲介役を担ってきた。心悩むキリスト者の苦悩をわが身のことのように受け止め、共に創造的人生を歩み続けた。平山は、病気を治療の対象としてだけでなく、人格的成長における意味や役割、目的としてとらえる全体的視座の重要性を強調している。そのような主張の背景には多くの患者との出会いがあり、さらに原点には大学時代の友人との死別体験があったことを述懐している。親友の遺書、死の数時間前に投函された平山宛ての手紙の中に、「私のような心を病んでいる人を助けるような仕事をしてください」という言葉が残されており、それを真摯に受け止めたと告白している。(1) 平山は彼の死によって激しい揺さぶりを経験したが、その親友が遺したメッセージを抱き続けることによって、むしろ自身が生かされ、そして共に生きているという。一人の人間としてどのように悩み苦しみ、そして生きようとしたのか。苦難の中で生きようとした隣人の苦悩を私たちの苦悩と受け止め、病を担う者としてかかわりを続けることこそ、平山の目指した医療であった。

精神医学から悲嘆研究の第一人者となり、臨床死生学の日本の草分け的存在になった思想の核心には、出発点である忘却できない体験が位置しているのである。そして、その記憶は、悲しみであったと同時に、創造的人生を歩むための源泉であったに違いない。そこで、生涯を心悩む者のためにささげた平山の姿勢と心の軌跡を洞察し、共に病を担う者として創造的に治療関係を発展させていくことをキャリー（carry）と定義した。キャリーという哲学は旧約聖書の「苦難の僕」や新約聖書の「病を担うイエス」にみられる、ヘブライ思想およびキリスト教信仰の源流にある人間の根本的な理解でもある。ギリシャ哲学や中世の医学の変遷とともに、現代に忘れられてしまった「共に病める（苦しむ）人」の思想を示し、医療倫理の実践であるキュア（cure）とその相補的かつ中心的役割であるケア（care）の完成のために、それらの価値を担保するキャリー（carry）という医療哲学を提示する。そして、二十一世紀の医療には、三つのCを統合する哲学が求められているのである。本稿では、その根拠を、平山のライフワークである悲嘆や臨床死生学の研究、診療活動、遺族支援などをたどりながら探り、平山が医療者として、キリスト者としてどのように生きようとしたのかを俯瞰し、私たちに残された希望への道しるべを明らかにする。

二　精神科医としてのはじまり

平山は、一九三八年東京都に生まれ、一九六五年横浜市立大学医学部を卒業した。その後、精神医学を専攻し、東京医科大学医学部神経精神医学教室島薗安雄や宮本忠雄から教えを受けた。勤務医として臨床に携わりながら、赴任した土地で文化や地域、旅行などによって影響を受け変化する精神症状を初期から報告している。(2) また、教職員の転任とうつ病との関連を指摘し、信頼関係によって庇護され安らぎを得るような、生きられる空間に根づいていることが社会生活を送るための鍵であると考察している。(3) 当時から、平山は病気全体を見通す広い視野をもっていたが、さらに人との相互関係性の中で生じる「感応」という現象にも注目している。(4) 演劇を例にあげ、仮面（ペルソナ）に「反響し合う」、「覆い隠す」という意味があることから、演じることの原点にお互いの苦悩を理解するための試みがあったのではないか、と洞察している。

癒すひとは、そのひとの仮面（persona）の奥深く根をはっている〝影〟の部分を、鋭い直感によって洞察し、相手の立場に共感（sympathie）するだけでなく、その〈影〉の部分を自ら引き受け、苦悩を進んで荷うとするとき、すなわち癒すものが、癒されるものと共苦（Mitleid）するとき、はじめて、後者は前者に対して、心を開き、響き合い、そこに真の意味での〝癒し〟が起こるのである。[5]

平山は感応という現象をもたらす病気の側面から共苦という人間の実存的な部分を見いだし、精神療法との関係性を意識していた。また、宗教と狂気の関係についても言及している。[6] 己の利益のみを追求する誇大的思考や他者との人格的な関係を失う否定的な態度が狂信への道を加速させる一方、危機的状況の中で真の自己を発見し、究極的な実存者とのかかわりがもたらされる可能性を論じている。

それとは逆にひとが狂気によって人間の実存的深淵に目覚め、自己の真の姿を洞察し、自己と他者の救済への糸口を見出すとするならば、それは真の宗教に近いものになるのである。[7]

このような健康と病気、信仰と狂信を適切に区別するためには、日本人独特の精神構造を理解しなければならないであろう。[8] 平山は祭りの構造を精神医学的に分析しながら、共同体の内部にある罪や不満、怨恨、葛藤などを解消する犠牲的側面についても触れている。特筆すべきは、祭りに関係した躁病の場合、たとえ表面的には人間的な絆を失った狂者のようにみえても、生の深みにおいて自己治癒を志向し、自らの健康を回復し共同体へ参与することを目指していると述べたことである[9]。さまざまな祭儀が通過儀礼（イニシエーション）となって治療的契機が生まれると指摘し、医療の枠組みで考えられる疾患では収まりきらない人間の多様な側面を、文化的な背景を考慮しながら論じている[10]。さらに、妄想の中には人類共通の願いである救済願望が投影されており、象徴的な意味において、精神の危機と救済という弁証法的かかわりがあることにも注目している[11]。その他、文化変容や文化摩擦に伴う精神症状の構造について明らかにしようと試みた論文も残され、多角的な治療方法を検討している[12]。

平山は精神医学を足がかりにして、病のもつマイナスの側面だけでなく、プラスの側面である人間学的な意味について当初から関心をもっていた。その背後には、キリスト者としての信仰があり、平山の内なる世界において医の倫理と一つに統合されていたのである。精神科医としての立場から、浄化（カタルシス）をアウグスティヌスの『告白』[13]の中に洞察したことも、医療とキリスト教的な癒やしの接点を探る試みの一つであったのであろう[14]。神学と精神療法を安易に結びつけることに注意を促した上で、さまざまな精神的苦悩を背負って生きなければならない人への配慮を、医療を超えた視点から常に考察しようとしていた。なお、日本を代表する精神科医である自治医科大学精神医学教室の加藤敏《さとし》は、カトリックと精神医学の立場を合わせた視点、またラカンの思想から『告白』を精神分析の原型ととらえ、アウグスティヌスが語る「奥の院の奥」[15]という記憶は無意識の問題に他ならないと指摘している[16]。キリスト教信仰と精神医療の治療にはもともと深い関係があったことを認識させるのである。

さて、平山は信仰による精神症状の悪化の側面、臨床における病的な悔恨と向き合う中で、患いの道を歩みながら、人生の新しい意味と価値を見いだし、再出発させるような役割が信仰にあることを精神医学の視点から強調する[17]。フロイトの精神分析をもとに、自分が完全なる者、清く正しい存在であるという執着とこだわりを捨て、病むものであることを自覚したとき治癒の可能性が開かれる、と平山は力説する。[18] 病を患ったからこそ創造的な健康が生まれるという考え方は、どうにかして病める者の実存を肯定したいという挑戦であった。このように、多くの患者と出会いながら平山の精神科医としての基礎が形作られ、医療者としての思想が形成されていったといえよう。

三　医学教育と医療哲学

一九七四年、医療に恵まれないへき地などにおける医療の確保、向上、および地域住民の福祉の増進を図るため全国の都道府県が共同して設立された自治医科大学の精神医学教室開講に伴い、初代教授に就任した宮本忠雄のもとに平山は講師として赴任した。一九八二年哲学科と兼任するかたちで助教授に就任し、大学では主に低学年向けに医療哲学を担当した。[19] さらに、一九八四年度から基礎教育科目の一部として全人的医療の基礎づくりのための「医療人間論」という学科目が設けられ、講義を担当するようになる。[20]「医療人間論」の講義は、医学生の人格的成長を助け、医療者としてのあるべき死生観や医師像を形成するために行われるもので、当時は革新的な試みであった。読書会[21]や低学年のうちから体験学習として病棟実習を行うなどして、[22] 医学教育に貢献した。自治医科大学の黎明期に医療哲学にかかわり、医師とはどうあるべきか、どのように患者とかかわり治療を行うべきか、在学生と討論を重ねた。これらの試みが行われ、へき地医療に携わった卒業生の活躍に大きな影響を及ぼしたことは事実であろう。[23]

医学生の人格形成において、平山は科学的な真実とは違った面での人間の真実に触れることを重要視した。人間のもつ悲しみの問題、すなわち患者や医療従事者、遺族の悲しみを一緒に考え、医学的なモデルによって疾患

（disease）を解決する方法と、悲しみを共有しながら病気（illness）に関与する患者モデルの二つのアプローチの必要性を訴え続けた。[24] 当時、ターミナルケアの教育は現代医療の盲点の一つであり、必要性は認められながらも死を医療の敗北ととらえる風潮の中では組み入れることは難しかった。しかし、平山は医療者としての態度がどうあるべきか、医師として治療を行うだけでなく、患者の側に立つとはどういうことか、常に問いかけていた。[25] 医療倫理や哲学を教育した成果の集大成として、臨床経験に基づく病者や家族が求める理想的な医師像の十項目をあげている。そのうち、第八に、「医者は病者や家族のことを祈ることができる」こと、そして、第十に、「癒す人は自ら傷ついた体験をもつことによってはじめて真の癒し人になる」ことを強調している。[26] 長年の臨床経験や医学生との対話を経ながら、マイナスの体験がプラスになる、病を担うことで真の治療者になりうるという結論を導き出した。病気にかかったことに対する悩みは医学的なモデルだけでは視界の中になかなか入ってこない。医療者にはみえない部分があり、このみえない部分に光をあてなければ病気の治療にはならない、と平山は洞察していた。[27]

四　悲嘆研究から生と死の学問へ

医学教育をとおして生と死の教育などにかかわるようになり、人間の悲しみの問題について平山は深く考えるようになったという。[28] なお、一九六九年に出版されたエリザベス・キューブラー・ロスの死の過程の五段階説を日本[29]的に改め唱えた悲嘆研究の第一人者として位置づけられている。[30] また、日本を代表する研究者には、上智大学で「死の哲学」などを教え、一九八二年「生と死を考える会」を設立し、デス・エデュケーションを日本に普及したアルフォンス・デーケンがいた。[31]

平山は病的な悲嘆反応について人格の成熟度との関連性を指摘し、疾患に陥りやすい性格傾向と合わせ類型化し、医療の介入の必要性を提示している。[32]さらに、悲嘆に関する文献紹介も行っており、これは、悲嘆研究を精神医学の立場から展望した日本で最初の論文の一つであろうと思われる。[33]精神科医としての立場から正常と病的な死別反応を区別しながらも、歩むべき悲嘆の過程とは何かを再確認し、人間の実存にもう一度眼を向けるべきだ、と述べていることも興味深い。[34]フロイトがメランコリーと喪を明確に区別し、悲嘆から立ち直るために喪の作業の存在を明らかにしたように、[35]平山がグリーフケアを重要視した理由もそこにあるのであろう。[36]人間の主体性に基づき悲しみを受容していくという試練に耐える仕事（グリーフワーク）の価値を大切にしていたのである。[37]

悲しみを好ましくないもの、病的なものとしてとらえ、憂いを癒やすことばかりにとらわれてしまうと、悲しみが人間の真実に触れる機会を奪い、生きる上で避けられない喪失に眼を背けてしまうことになる、という。[38]臨床現場において、外来に訪れる人々は、その病気がどういうものであるにせよ、何らかの悲しみを担っている。そして、悲しみをとおしてその背後にある家族の問題や社会の問題がみえてくる。悲しみをなるべく避けたいという気持ちを人間は本能的にもっているが、素晴らしい働きをした先人たちの働きには悲しみの積極的な意味が見いだされ創造的な部分がある、と平山は語る。永遠に残るもの、多くの人々の心に感動を与えるものの背後には悲しみの体験が隠されている、と力点を置いているのである。旧約聖書箴言《しんげん》一七章二二節「喜びを抱く心はからだを養うが／霊が沈みこんでいると骨まで枯れる」と書いてある一方、コヘレトの言葉七章二節には「弔いの家に行くのは／酒宴の家に行くのにまさる。そこには人皆の終りがある。命あるものよ、心せよ」という言葉もある。悲しみは喜びよりも人間にとって本質的なものなのではないか、だからこそ、深い悲しみをもった人の作品や生き方というものは、多くの人々を感銘させるのではないか。悲しみを身にまといながら、どのように自己実現していくか、未来に対して希望をもつことができるか、回復への方向性を見極めるために平山は研究を続けた(39)。

さて、平山は自身の体験と合わせ、悲しみの抑制につながる特別に配慮されなければならない悲嘆として自死をあげている。自殺ではなく、自死という言葉を使用する理由は、自殺にいたる過程において、自ら命を絶つ以外にないところまで追い込まれてしまうということにある(40)。よって、自死は個人の問題ではなく、医療的、社会的、経済的な背景を考慮に入れるべき私たちの課題なのである。とくに、遺された家族へのいわれなき非難を知り、自死予防とともに自死遺族への支援やグリーフケアをもっとも重要視した(41)。平山が遺族支援を立ち上げ、社会の中で問題提起したことは、自死という事柄のみが表面上で扱われてしまい、当事者の生き方がないがしろにされている点に集約される(42)。どのようなかたちの生や死の諸相があったとしても、関心をもつべき視点は、単純に過去の事実を列挙し客観的な対象として分析することではなく、苦難の中で生きようとした者の苦悩を私たちの苦悩と受け止め、共苦の思想をもって正当に評価しなければならないことである、という(43)。二〇〇一年、NPO法人「グリーフケア・サポートプラザ」理事長、二〇〇四年、「自死遺族ケア団体全国ネット」代表として、さらに尽力した。

このような共苦の思想にはキリスト教信仰の影響が深く隠されている。キリスト教は懺悔《ざんげ》だけでなく悲しみや苦しみに新しい意味と価値を見いだしてきた歴史がある。中世以来発達した秘儀としての苦しみという考え方を平山は用いている(44)。医師であり医学史研究家であったハインリッヒ・シッパーゲスは、人間は病的本性をもっており、不安定な平衡の上に生きている弱いものである、と考えた(45)。人は他人の重荷になり、手助けを必要とし、見知らぬ人の助けを求める「病める（苦しむ）人」（ホモ・パティエンス）であった、という。しかし、中世に入り、キリスト教の息吹が吹き込まれ、「病める人」は、「共に病める（苦しむ）人」（ホモ・コンパティエンス）に変化したことを指摘している。「共に病める（苦しむ）人」は、貧しく弱い人々を「良き人々」としてイエスが価値の転換を行ったことに由来しているというのである。現在の診断や治療とはかけ離れていた時代、もっとも必要だったことは共に病み、苦しむことであった。人間の実存に関与しようとする捨て身の思想は、現代の医療文化から顧みると、発展の欠如した負の遺産として貶《おとし》められてしまうかもしれない。しかし、当時はそれしかできなかった、そして、共苦ということが人間の実存を支えていたということも忘れてはならないであろう。

五　臨床死生学の射程

一九八九年、心病む人々を支えるために「キリスト教メンタル・ケア・センター（ＣＭＣＣ）」を立ち上げた。さらに、一九九二年、平山は北千住旭クリニックを開設、院長として地域精神医療に携わった。一九九三年、東洋英和女学院大学大学院人間科学研究科では日本ではじめて「死生学コース」が設けられ、平山は同大学人文学部教授に就任し、臨床死生学、精神医学、生命倫理を担当した。さらに、二〇〇三年には死生学研究所が付設され、二〇〇五年より医療分野のみならず人文社会科学と統合された学際的な『死生学年報』が出版された。[46]

そして、二〇〇六年、聖学院大学大学院人間福祉学研究科の一分野に「臨床死生学分野」という科目群が設けられ、同大学大学院教授に就任した。臨床死生学やグリーフケアの講義を担当し、研究会や講演をまとめたものを「臨床死生学研究叢書」の第一巻として編集し出版した。[47]

日本において死生学の開拓をした平山だが、講座を開設したとき、死生学は学問なのか、という問いを投げかけられたという。[48]死生学は社会構造の変化や物質的豊かさ、公衆衛生の発展、平均寿命の上昇などの文明の繁栄と科学の進歩によって、必然的に登場した学問の一分野である。科学の進歩はパラダイムシフトという革命をもたらし、世界観をも根本的に変えてしまう力によって人間の生活を急速に変化させた(49)。

フランスの哲学者ジャン＝フランソワ・リオタールによれば、哲学によって支えられてきた科学は、その性質である不信と検討においてすべての事柄を研究対象にしまうという(50)。そして、皮肉にも、自身の背景であった大きな物語という哲学は解体され、衰退してしまった。パラダイムシフトを繰り返し、この世に絶大な影響力を誇るにいたった科学は、大きな物語を無意味にし、人間の生を限りなく謳歌する自由を人類に与えた。それによって、いつのまにか先進国の人々は死を強く意識しないようになり、悲嘆や喪の作業は重要視されなくなってしまった。たとえば、イギリスの社会学者ジェフリー・ゴーラーはフロイトが強調した喪の作業が失われたことによる問題を指摘し、現代社会に警鐘を打ち鳴らした(51)。死別が残された者の社会生活や人間関係、経済状態などにどのような影響を及ぼすのかを報告したゴーラーは、今日のイギリス人が儀礼の欠如である「無期限の哀悼」や「ミイラ化」と呼ぶ私的儀礼の存在をあげ、無気力な絶望が生み出されている、と指摘した。歴史家であったフィリップ・アリエスは、病院の中で非公開にされ、医学の対象にしかなりえない「タブー視される死」に焦点をあて、日常性から切り離された病院の世界を問題視した(52)。哲学者のノルベルト・エリアスは、死の社会学的問題の背景として個人の寿命の伸び、医学の進歩や公衆衛生の向上によって自然を制御できるという安心、社会の内部の安全性、人間の個別化という現象をあげている(53)。誰もが孤立して存在しているという認識が孤独化の傾向を強めていることを「閉ざされた人間」と呼ぶ。そして、発展した社会ではそのような「ひとりきり」の人格構造にならざるをえない、死にゆく者の孤独を指摘している。以上のような提起から死生学の土壌が生まれ、学問体系に発展したのである。

戦後急速に発展を遂げ豊かさを追求した日本においても同様のことがいえるであろう(54)。死生学の発展を牽引してきた宗教学者の島薗進は、科学や医学が人間生活への影響力を強めている一方、欧米で理解されるよりも広く、日本における死生学の対象はいのちの尊厳や生命倫理など死生観全体にかかわる問題である、と述べている。[55] 東洋英和女学院大学死生学研究所の渡辺和子は、死生学の直接的な動因は戦争の世紀を超えたことに起因するだけでなく、病院で亡くなる人が増えたこと、また病気治療だけでなく、死までも医療の支配下に置かれるようになったと社会がとらえはじめたことに起因している、と述べている。[56] 進歩した医療が担いきれない大切な価値観を死生学が担う役割を果たしてきた側面があるのであろう。

死の人称性と関係性

信州大学医学部で死生学や医療社会学を教える山崎浩司は、島薗や渡辺の基礎死生学（文学、宗教学、歴史学、社会学など人文社会科学的な知見をもとに、死生観や死と向き合う技を考察する死生学）というべきものと、平山の臨床死生学を区別している。[57] 山崎は、法、行政、警察組織を含む国家、医療、マスメディアといった近代社会の産物としての専門家によって記録、管理された公的な死の拡大と、伝統的共同体の衰退と家や地域から遠ざけられた私的な死の先鋭化をあげ、三人称の死の拡大と、二人称、および一人称の死の先鋭化と換言している。[58] つまり、医療は科学が生み出した公的な存在であり、病院から生まれた臨床と深いつながりがある死生学と、個人の死生観というべきものとは発祥の段階で異なるという認識である。

ここで、死の人称性について説明しなければならない。フランスの哲学者ウラジミール・ジャンケレヴィッチは死の問題を三つの人称によって区別した。[59] 三人称の死は、個人の立場を離れて概念的にとらえられたものであり、一人称の死である苦悶の源泉、「わたし」の死と区別する。二人称の死は中間的であり、近親の死などであり、愛する存在の喪失による悲しみとして、自分自身の死のごとくに生きる死である。死を人口統計学の問題、医学の問題である三人称としてとらえるだけでは、それは陳腐な現象にすぎなくなる。しかし、子や妻や親を失った者にとって、死は類を絶した、比べることのできない出来事である。社会現象の陳腐性と個人的悲劇の唯一性との間には越えがたい溝がある。(60)

ところで、作家の柳田邦男は、自身の経験とグリーフワークから、(61)医療者に二・五人称のすすめを説いている。(62)専門家の思考様式を乾いた三人称、二人称を肉親や恋人の関係と定義する。そして、専門家が家族の身になって心を寄り添わせることが重要と考えるが、完全に二人称の立場になっては冷静で客観的、合理的な判断ができなくなるおそれがあることを指摘している。そして、二人称の立場に寄り添いつつも、専門家としての客観的な視点も失わないようにする、それが二・五人称の立場なのである。死生学の研究を進める上で、それぞれの人称の立場を理解することは必須であろう。三人称の学問だけでは、部分化し全体的視点が欠如する可能性があり、死を二人称の関係性においてとらえ、一人称の立場に立って死に直面する当事者の主体性を問題にすべきであろう。(63)

さらに、二・五人称という視点に立つためには臨床知が不可欠である、と平山は主張する。中村雄二郎は臨床の知を、近代科学の知に対比して、「個々の場合や場所を重視して深層の現実にかかわり、世界や他者が、われわれに示す隠された意味を相互行為のうちに読み取り、捉える働きをする」と述べている。(64)平山はこれを踏まえ、各々のフィールドや状況を加味し、「患者や家族など二人称としての「他者」や現実状況など三人称的「場」の中に秘められている「関係性」や「隠された意味」を探ることにある」と臨床知の再定義をしている。(65)そして、臨床知は病者の下に立つような姿勢で臨まなければ、生み出されることはなく、(66)「自己の死や病の客観化」と「他者の死や病の主観化」が臨床死生学の骨格をなしていると平山は主張する。(67)

ゴーラーの喪の作業の喪失という指摘は、現代の日本の現状にもあてはまることであろう。加藤敏は地域共同体の離散化や人々の連帯意識が失われたこと、個人の所有に関する権利要求の増大、自己および愛する人の生命への強い愛着が喪の作業を遅延させている、と考えている。[68] 生者の居場所が強調されるが、今まで宗教が担っていた死者の場所が崩壊していることに危機感を抱いている。

死生学に、日常と病院、病者と治療者、病と健康、そして生者と死者の間をとりなす役目が期待されていることは間違いがないであろう。どのように、病者と治療者が共同して創造的死生観や人生を形成することができるか。喪失や悲嘆、病をどのように創造的な価値に転換できるか。事実、この問いが平山の臨床死生学の最大のテーマであった。[69] 医療する側もいつかは医療を受ける側にまわる。立場は違うかもしれないが、死は平等に訪れる。そう考えれば両者の間に大きな区別や溝はなく、むしろお互いの尊厳、つまり病む者の信頼と癒やす者の謙遜がとりなしを行うために不可欠なのではないだろうか。[70] 平山の死生学は、医療の相互性、患者と医者の間の渡し船を出すために何ができるのか、実践に近い問題意識に集約されるのである。

六　見捨てられ体験へのまなざし

平山の悲嘆に向き合う姿勢、また病者と医療者のそれぞれの立場に配慮しながら統合していく視点は、むろんキリスト教信仰なくして考えられない。大学で講義を行い、クリニックにて診療を行い、多くのキリスト者や家族に出会った。そして、心傷ついている信仰者が多いことを知った。心悩む患者と対話することによって、医者として薬物を投与するだけでなく、聖書から知恵を得、癒やしに役立てることができるのではないか、と思うようになったという。[71] 平山はキリスト者であり、精神科医であるという「二重国籍」をもつ者として、自己同一性（アイデンティティ）において苦悩していたことを明らかにしている。[72] 自身の経験も踏まえ、心の病を負う信仰者のために貢献したい、という並々ならぬ執着があったことも事実であろう。

ところで、精神科医であり人類学者でもあったアーサー・クラインマンによると、病の経験と困惑、苦痛、苦悩が付加された患いは病の経験の中心に位置するものであり、臨床的に存在する二つの中心的な問いによって成り立つという。[73] つまり、病との邂逅に際しての「どうして私がこんな目にあわなければいけないのか」と、「これから何をすることができるのか」という叫びである。平山は、診察室から発せられた問いと、そして受難の道を歩んだイエスとの間にある共通項を見つけ、それが「見捨てられ体験」であるという結論にいたった。[74] 自分という存在が消滅し愛する人と別れなければならない恐れ、自分の生きがいや人生における役割が達成できなくなる不安、死に向かう絶対的な孤独などの中核には、必ず「見捨てられ感」があるという。そして、疾病を患う者だけでなく、援助にまわる家族や医療従事者も、心血を注いで治療してきた患者の容態が悪化するとき、「見捨てられた」という感情をもつことを指摘している。[75] たとえば、平山にとって治療と患者の立場の板挟みになる看護師の苦悩は見過ごすことのできない問題であり、生涯にわたって惜しみない援助を行った。[76] このような支援にも、「見捨てられ体験」の気づきが関係しているのである。誰もがもちうる「見捨てられ体験」の視点から、援助者の苦しみをも理解しながら、患者が精神的に和らぎ慰められるように配慮しつづける必要性を訴えた。[77] そして、「なぜ自分はこのような苦しい試練に遭わなければならないのか」という共通の問いに答えるためには発想の転換が必要であり、病を担うという態度変容が必要である、と自身の闘病生活を経てたどり着いている。[78] それでは、信仰者としての生き方を貫いた平山の語る「病を担う」には一体どのような意味が含まれているのであろうか、次章で考察する。

七　「苦難の僕」と病を担うイエス

旧約聖書において人間の魂は神の息吹によって生かされる存在である。人間の〈いのち〉は神との連帯なくして論じることはできず、全存在の中心に神が臨在している。しかし、人間は不完全な存在であるため神との関係性はおのずと脆弱である。したがって、神との応答は常に的外れであり、それはキリスト教において罪と表現される。さて、旧約聖書では罪の一部として病気が含まれており、関係性の喪失によって神の罰である疫病をもたらすと考えられていた。[79]ドイツの神学者ハンス・ヴァルター・ヴォルフによると、当時の病者は忌み嫌われ、軽蔑され、またはまったく排斥され、完全に孤独であり、社会から排除されていた。[80]しかし重要なのは、患う者は病気中や回復期に、神に出会うことができるといわれることである。なぜなら、神だけが病気の主であり、癒やしの主でもあるからであった。一方、ヘブライ人の健康と病気を考察するにあたって、何が健康で何が病気であるかという主観的判断は各時代によって基準が変化する。[81]旧約聖書の中で健康と病気の定義は明確化されていないというルートヴィヒ・ケーラーの指摘は心にとめておく必要がある。[82]

人間の生を語る上で、絶えることなく続いてきた人類の患い、そして聖書において神との関係の問題である罪を紐解くことは確かな価値がある。ここで注意しなければならないことは、聖書の中の病と現代医療で定義される疾患はまったく異なるものであるということである。よって、医療では罪と疾患との関係を明確に否定しているが、むしろ生に連続する病気の周辺で起こる苦悩や嘆き、孤独は旧約聖書の時代から現代にも通じるところがあり、むしろ生命に共通する問題なのではないであろうか。

さて、旧約聖書の病気は神の怒りやけがれとして扱われるが、新約聖書においてはイエスの癒やしによって病や障がいそのものを積極的・肯定的に受け止めていく生き方が新たに示されている。(83) 新約聖書にはイエスによる数多くの奇跡物語がある。とくに、病の治癒物語は、のちのキリスト教の信仰形成および伝道において重要な位置を占めている。(84) 奇跡全体がイエスの福音のしるしであり、神との関係がいかにあるべきかを問う物語であった。(85) 宗教学者の山形孝夫は、イエスの治療が古代ギリシャの治癒神であったアスクレピオスの地位を脅かし、競合していた可能性を指摘している。(86) また、荒井献《ささぐ》は奇跡物語の伝承基盤となった社会層の存在からの視点を要求し、その担い手となった人々の声を拾い上げなければ、イエスの振る舞い方を正しく理解することはできないと主張している。(87) 現代から治癒物語を論じると神話や迷信と混同されてしまうが、癒やしの諸相には当時のさまざまな背景があったことを考慮しなければならない。一方、一つ一つの場面においてイエスと病人との関係性に注目することは、今日の医療関係の上でも重要な視点を与える。近代になり、全人的な癒やしと科学による治療が分離され、科学的知識が先行していることは事実である。(88) しかし、

> それ以上大事なことだが、答えは疾患についてであり、疾患は病気の一部にすぎない。科学はそれだけでは、患者の役に立たない。それが役立つのは主治医を通して——患者‐医者関係の中においてのことなのである。(89)

時代が変わり病気や治療の位置づけが変化したとしても、患者‐医者関係は普遍的であり、もっとも注目されなければならない。

「苦難の僕」

ところで、医学の父とされるヒポクラテスなどに代表されるギリシア時代の医の愛は[90]、あるがままの姿としての人間愛（フィラントロピア）と治療技術への愛（フィロテクニア）との適切な結合の上に成り立っていたという[91]。そして、キリスト教信仰と融合することによって、前者はフィリア（友人愛）からアガペー（隣人愛）へとつながり、後者については治療の平等や病人の看護、そして苦痛と共存することの治療的および道義的価値づけが行われた。これが病院の原型である中世の修道院の医術につながったとみられている。近代に入るまで、イエスが「大いなる医師」であったことを忘れてはならないが[92]、キリスト教の信仰はもともとこの世の智恵（ソフィア）とは距離をもっているところに成立したと考えられており、この分離と統合の経緯を心にとめておかなければならない[93]。コリントの信徒への手紙一の一章二二、二三節「ユダヤ人はしるしを求め、ギリシア人は智恵を探しますが、わたしたちは、十字架につけられたキリストを宣べ伝えています」と書かれている点にも注意が必要である。

さて、イエスによる治癒物語の一つとして、マタイによる福音書八章があげられる。その一七節には、イエスが癒やしの業を行うことができた根拠として、旧約聖書からの引用が付け加えられている。イエスである「彼はわたしたちの患いを負い、わたしたちの病を担った」という文章である。この箇所はイザヤ書五三章四節から引用されたものであり、「苦難の僕」という人物、もしくは人格化された共同体のことが述べられている歌である。そして、第二イザヤと呼ばれる人物がその歌の作者である。当時、バビロニア捕囚と呼ばれた民族の存亡の危機の際に、苦難の中で生きる民に希望を語り、救いの道を模索した預言者である[94]。「苦難の僕」は神に帰依していたが、病にかかり、神との関係を断たれたため軽蔑され、人々から見捨てられ、多くの傷を負い苦しみ、栄光の姿とはほど遠かったとされる。しかし、そういう姿である信仰者の中にこそ、神と人間とのとりなしが行われ、神の栄光が現されると第二イザヤは考えたのであった。前述のように、病は因果応報によって与えられた神の罰としての側面があったが、この僕の存在によって、その後、苦難の意味は新しくとらえ直されたのであった。つまり、神の栄光は病を担う「苦難の僕」と共にある、という信仰である。「苦難の僕」がどのような存在であったか学問的な議論はあるが、(95)病という絶対的に負の状態にあったにもかかわらず病を担うという思想を肯定した預言者がいたことは驚くべきことである。関根清三は、ヘブライズムの倫理における罪を贖《あがな》う行為は、とくに第二イザヤの「苦難の僕」によって表され、旧約聖書における神の救いの頂点としてみることができるという。(96)そして、共同体の罪を一身に背負い傷ついた「苦難の僕」はイエスと重ねられ、救い主の根拠として新約聖書に引用されている。病が担われたという理解は継承され、キリスト教信仰の根幹をなしていくのである。

病を担う

しかし、前述の場面において病を受け担う存在の主体は、厳密にいえば病人であるはずである。一方、イエスは癒やす主体であって病人ではなかった。もし、イエスがこの物語の中で病を担ったとするならば、ペトロの手紙一の二章二四節「そして、十字架にかかって、自らその身にわたしたちの罪を担ってくださいました。わたしたちが、罪に対して死んで、義によって生きるようになるためです。そのお受けになった傷によって、あなたがたはいやされました」というように、癒やすことと、神との関係をとりなす罪を背負うことが同時に行われたという言及がなければならない。癒やしと罪との関係がなければ、イザヤ書からの引用は不十分であり、一見ふさわしくないとも考えられている。(97)しかし、イエスの行った癒やしと赦しの奇跡の業の背後に、ただ病を取り除くだけでなく、病人の痛みや苦しみ、傷をわが身のことのように感じ、とらえ、焼きつけ、共に担うということが同時になされている。

手をあて、言葉をもって行った癒やしの業は、治療（キュア）や成長を促す（ケア）ためだけだったのではなく、病人の苦悩を共感し、かかわり、神との関係をとりなす病を担うという行為、そのものであった。イエスはマルコによる福音書五章三四節にあるように、「あなたの信仰があなたを救った」という言葉を多く残している。イエスは病を担う者の中に、確かに神の存在をみてとっていた。であるから、マタイによる福音書二五章四〇節「わたしの兄弟であるこの最も小さい者の一人にしたのは、わたしにしてくれたことなのである」と弟子たちに語ったのである。重要なことは癒やしの解釈ではなく、イエスがどのように病人と対峙したのか、病の偏見を取り除きかかわろうとしたのか、それを読み解くことであろう。そして、イエスも病を担う病人の信仰によって育てられ、歩まされ、神への信仰を深めていった。さらに、出会いをとおして自身も病を担っていくという信仰と受難の道が形作られていったように思われるのである。このような視点から新約聖書の治癒物語を俯瞰すると、イエスの病を担うという姿勢は福音書すべてをとおして、通奏低音のように流れる祈りのようにとらえることができるのである。もし、癒やしの中に病を担う思想がなければ、自己顕示はあったとしても、神への謙遜や病人の信仰を肯定する言葉は生まれてこないであろう。ここに、キリスト教における病に向き合う原理が存在するのである。

この視座に私たちが立つことができれば、信仰者が病を担う本質を深く理解することができる。現代において「苦難の僕」は患者の原型、イエスの生き方は医療者の姿に重ねられるであろう。医療者は治療やケアを行うが、同時に患者が病を担っているという価値、つまり、病を担い合うというつながりを得ることができるのではないであろうか。両者は唯一、治療でもケアでもなく、神との関係性が修復される病を担うという点において合致することができるのである。この一致において、患者は自分のみならず周りに集う者の導きとなり、また治療者は病者によって力づけられる価値が生まれる。病という苦難が終点なのではなく、病を担うことこそ神の栄光につながる創造的人生への始まりであるという視座に共に立つとき、魂への配慮の第一歩となり、信仰者としての苦難を歩む道しるべとなるのである。

八　三つのC――キュア、ケア、キャリーの統合

病気の闇の側面は現代にも通じるところがあるが、作家のスーザン・ソンダグは結核やがん、エイズの隠喩を解体し、神話や偏見を医学の進歩により克服し疾患として正しくとらえ治療することの必要性を説いた[98]。医学は病気を解明し、診断と治療をとおして人間の闇に光をあて開放してきた背景がある。しかし、最新の情報が刻一刻と売買され限界のない豊かさが追求される資本主義の時代に、崇高な実践である医術にもさまざまな利害関係の波が押し寄せている。医療産業が発展し新薬の開発を加速させる一方、経済的感覚を優先させるあまり研究における公正や公平が保たれなくなる利益相反や、医療と市場の一体化による過剰広告などのディジーズ・マンガリング(disease-mongering 病気を売る)という問題が懸念されている。このような今日の医療情勢にあって加藤敏は精神医学の立場から、現代医療の肉体への配慮の増大に対して、魂への配慮の軽視を大胆に指摘している[99]。加藤は、科学こそが真理のすべてと考えてしまう「科学パラノイア」への傾き、巨大化された人間の欲望に対しての負債の問題を論じ、欲望を増大させることが肯定される現代社会の中に人間の根源にある神や自然に対する負い目の解消が構造的に欠如していることを魂への配慮の軽視とともに分析している。知識や技術があまりにも複雑化、高度化し、目の前の人までをも物質的、機械的にとらえる傾向はとどまることがない。医学の光が強くなればなるほど、皮肉にも人間的な気遣いや配慮といった共感の部分がなおざりにされてしまった側面は否めないであろう。

また、患者の権利が尊ばれる一方、極端に進められた個人主義化は、治療される側を孤立させ、難解な医療言語の中で困惑させてはいないであろうか。医療社会学者のアーサー・W・フランクは病の経験が治療のための専門技術体系によって打ち負かされてしまうところから始まり、自らの物語を医学用語で語ることを暗黙のうちに同意し、病む人の物語は医者が発した言葉の繰り返しに大きく依存することを指摘している(100)。文化人類学者の波平恵美子も、過度の医療化によって「私の身体の私の体験」が医療の文脈の中で融解してしまい、身体の変化のイメージ、人生の位置づけも医療的言語がなければなしえることはない、と危惧している(101)。昨今、医療のパターナリズム（父権主義）の反省から患者の人権が強調され、自己決定権が重要視されるようになり、それぞれの価値観を尊重することが臨床に求められるようになった(102)。しかし、この権利をただむやみに押しつけることによって、むしろ自己決定せねばならないという不自由を生み、理想的な死の像に追い込み縛りつける「死の理想化」を強制する可能性があることが指摘されている(103)。

医療の空洞化

医療の技術が進歩し、診断や治療の可能性が広がることは医療の光の側面であろう。しかし、疾患の克服のみならず、国家にとっても国民の生活や健康を守る義務として大いに用いられるようになり、医療は崇高な目的と相反するようになりつつある。医療的思考が生活に影響を及ぼす「社会の医療化」の問題を取り上げたイヴァン・イリッチの預言にもう一度耳を傾けたい(104)。イリッチによれば、医療は受苦という言葉を現実の人間において無意味にするという。なぜなら、「文化が痛みを、本質的で身近な、伝達し得ない「負の価値」と認識するのに対して、医療文明は痛みを、証明でき、測定でき、制御できる体系的な反応としてまず注目する」からである(105)。臨床が実験室に変わった結果、「死の医療化によって、健康ケアは一体化した世界宗教になり、その教義は義務教育で教えられ、その倫理的ルールは環境の官僚主義的再編成に適用される」ことになった。(106) こうして、医療が権力と合致することによって、根源的な貪欲さ（プレオネキシア）、限りない傲慢さ（ヒュブリス）、そして必然的に身に招く報復（ネメシス）が誕生した、これが医原病の終着点である、と指摘している。イリッチが危惧したように、健康を追い求めることが全体主義の入口に誘導される恐れがあることを医師は認識しなければならない。(107) もっといえば、有能で患者思いの医師ほどその危険性があるという、医療倫理自ら破綻を招く、危うい部分はすでに歴史が証明している。(108) 平山は集中治療の例をあげ、高度の機械化や管理化が生む人間の対象化を医学の進歩や技術の発達の影の部分とした。(109) 生命を救ってきたにもかかわらず非人間的な様相を帯びる矛盾に陥ってしまい、「病気を診て病人を診ない医療」が自動的に行われる可能性を見逃すことはできないだろう。医療の影については、アリエスの主張が的を射ている。

> 前から指摘されるように、医者は家では、病院におけるほどには神秘的でなく、また絶対的でもない。それは、病院での彼が、その規律、その組織、その没個性から権力を得ている一種の官僚組織に属しているからなのだ。こうした状況の下に、医療化の下での死、病院での死という新しい一類型、一つの死に方《スタイル・オブ・ダイイング》が登場した。(110)

患者の眼は虚ろだが、同様に軋轢や摩擦に心をすり減らす臨床現場において医療者も同じ眼を神に向けている。治療される者も治療する者も共通項のある絶望感をもって嘆きの言葉を口にする。私たちの苦悩や戸惑い、加藤のいう魂への配慮が軽視されたまま治療への期待とともに肉体への配慮のみがひたすら尽くされつづけていくことに、人間の行う倫理的実践である医療の本質的な矛盾があるのではないだろうか。

ところで、医療には、キュア（cure）という治療の概念と、キュアの相補的かつ中心的役割であり、世話を行い人間全体の成長を助けることを意図するケア（care）という大きな二本の柱がある。他者の生命を守ることが医の使命であり、その義務は宗教の教えや道徳律と一致していると考えられているため、医療行為そのものが倫理的な実践であるということができる。[111] 自律尊重原理、無危害原理、仁恵原理、正義原理の四原則を守り、[112] 臨床現場において医学的適応、患者の意向、ＱＯＬ（Quality of Life）、周囲の状況の四つの状況に配慮しながら、[113] 医療者は治療を行うのである。

一方、キュアとケアについて、近代外科の父といわれるフランスのアンブロアズ・パレの格言に注目したい。「われは包帯するのみ、神が癒したもう」という神への謙遜の言葉を残したパレは、[114] また、次のような言葉も残したとされる。「時に癒やし、しばしば和らげる。だが慰めはいつも与えられる」。[115] 医療者にとって古典的な医の倫理ではあるが、これについて日野原は問題提起する。

> 癒すことはときどきしかできなくても、和らげることはしばしばできる。しかし、病む人の心の支えとなることは、医師にも看護婦にも、いつもできることではないか。それを私たちはやっているのか、そのための時間を患者に与えているのか。ではどう慰めるのか。[116]

聖路加国際病院名誉院長の日野原重明は全人的医療を行うために、キュアのサイエンスとケアのアートが必要であるという。[117] 医療者は倫理的実践であるキュアやケアの方法や技術を学んでいるかもしれないが、慰めることに無頓着になっていないであろうか。専門性を追求するあまり、慰めるという行為をないがしろにして、共苦することに価値を求めなくなっているのではないか。

むろん、疾患の治療には専門的な知識、技術が不可欠であることはいうまでもない。しかし、個人の患うという経験を受け止めるにはどうすればよいのか。たとえば、平山は現場において患者に接近するために二つのモデルの必要性を訴えていたが、それぞれにはさらに真理の原則であるキュア、そして愛の原則である慰めが適応される、という。[118] まず、医学モデルとして、医療従事者として疾患（disease）を治療する態度で取り組むことである。疾患として病む人を支える場合、隠されている覆いをはぐという真理の原則が適応されるという。そして、二つ目の方法とは、患者モデルとして疾患ではなく病む人の実存がかかわる病気（illness）としてとらえる必要があるという。そのために医療従事者に必要なことは、いること、傍らで存在することとし、この場合、緩和医療（palliative care）の語源であるラテン語pallium（パリウム）をあげ、露出しているものを覆うという愛の原則がふさわしいと述べている。癒やしを行うためには真理の追求のみではなく、慰める、という病む人の実存を守る術を意識しなければならないであろう。

一方、臨床において膨大な業務や求められる水準の高さに疲弊する医療者の労苦の問題をどう考えることができるのか。[119] キュアやケアが人の行いであるゆえに起こりうる、尽くしても尽くしきれないという際限ない奉仕の精神と悔恨の帰結は、治療者の限界を明らかにしている。そもそも、医療者の痛みよりも、患者の苦痛、家族の苦悩が配慮されるべきであるという職業倫理の観点から医療者は離れることができず、また逃れてはいけないのである。倫理と実践が結合しているため、有限である労働の問題を、同じ観点から解決することにはおのずと無理があるのではないか。また、ケアの相互性という他者との対等な関係を表す概念にも注意が必要である。社会学者の上野千鶴子は、ケアをケアする側から論じる傾向があり、ケアする側とケアされる側には対等ではない関係があるゆえに弱者を生み出し、ネガティブな行為である側面を見て見ぬふりをしてしまう可能性があると指摘している。[120]

ケアすること自体がキュアと同様に規範的、倫理的行為である以上、専門性というジレンマがあり、倫理面が強調されればされるほど、知らぬ間に他者の受苦を感受することなく分析することにとらわれ、医の本質が空洞化される懸念が生じるのである。パターナリズムからの脱却やインフォームドコンセントの重要性は変わらないが、専門的な立場から語ることそのものの矛盾を意識しないではいられない。ここに、大きな物語を失った科学の形骸化をみることができよう。

医の原点とキャリーという哲学

そこで、もう一度ギリシャやヘブライ思想に端を発する医の原点を省みたい。医療者は実践形態であるキュアやケアをそのまま信条としているのではなく、臨床を行う背景には必ず何らかの物語によって生かされている自分、「共に病める（苦しむ）人」（ホモ・コンパティエンス）がいるはずである。それは傷づくような体験であったり、時として耐えられない重荷を背負わされていることなどである。日野原は、医学生のときに結核性胸膜炎を患った経験から、病む患者の痛みや苦しみがわかるようになり、病むことによって得た賜物としてその後の活動の原点になったことを告白している。[121] 平山についても同様のことがいえるであろう。大学時代に自死したキリスト者の親友の残した言葉を大切にし、臨床活動をとおして、心の中の友と一緒に歩んでいる、という信念こそが、精神医療に身をささげた創造的人生を形作っていたことは疑いようのない事実である。他にも、そのような体験をとおして育まれた信念により優れた治療や業績を残している医療者は数知れない。よって、医療者には、病者の視点からキュアやケアの価値を転換させる哲学こそが不可欠なのではないであろうか。すなわち、「医学とはサイエンスに基礎をおくアートである」という言葉の生みの親であるウィリアム・オスラーに立ち返らなければならないであろう。(122)「われわれの行う医術《アート》は、人間の苦しみを扱うため、全世界に共通する普遍的なものであると言えるからである」。(123)このオスラーのいう全世界に普遍的なものとは、前述のとおり、すべての人間に共通する事柄、それは「苦難の僕」のように病を担うということであり、そして癒やしにおいては治療を受ける者と治療する者との信頼関係であった。そして、病を担うことによって神の栄光が現されるという哲学と、多くの病人との出会いによってイエスの罪の贖いの生涯が形成されていったことを思い出さなければならない。苦難の歴史をとおして受け継がれたキリスト教の核心と、ギリシャ医学の人間愛と技術愛との融合の上に、近代医学が誕生したことを忘れてはならないであろう。

そこで、医の原点に立ち返り、医療の中で病を担う者の苦しみや悲しみに配慮しつつ、共に病を担う存在として創造的に治療関係を発展させていくことを、「苦難の僕」と「病を担うイエス」からキャリー（carry）と定義したい。キャリーとは重荷を押しつけ、犠牲を払うことを肯定する哲学ではない。また、他人を道具のように操作する思想ではない。キャリーはそれのみで自己正当化されることはなく、キュアとケアの癒やしと、その先にある救い、人間の生き方を肯定するために、他者と共に担っていく「共に病める（苦しむ）人」の必要性を指摘した概念なのである。病者の苦悩を理解し、また、医療者の疲弊を考える上で、まずキャリーすることが前提になっていることを認識しなければならない。さらに、キャリーという視点から再考すれば、病気と闘う人々や看病する家族こそ医療の主体なのであって、医療者の基本に病を担う存在への尊敬と謙遜が常に求められるのである。

三つのCの統合

そして、キュアやケアの方法や結果のみに重点が置かれている現在の医療体制の中で、共苦の姿勢を大切にするキャリーを根本に位置づけることが平山の目指した医療であったといえよう。現代医療のジレンマ、資本主義と合致した社会の医療化の時代に、キュアだけでは偏り、ケアだけでは疲弊してしまうのである。むろん、キャリーだけでは耐えられないが、三つのC、すなわちキュア、ケア、キャリーを統合することによって、医療の光と闇の境界を見分けることが難しい現代において信頼関係を創造的に構築することができるのではないか。相互性があり、かつ補完的である三つのCは次のようにもいえる。つまり、キュアにとってケアは不可欠であり、それなくして治療を成り立たせることはできない。また、ケアの「他人の感情のただなかへ自分を投入する力」をもつ感性はキャリーによって裏打ちされているのであり、医の倫理と合致している[124]。そして、キャリーは、キュアという癒やしによって、救いをこの世に示すことができるのである。三つのCを概念的に区別しながら、統合して実践を行うことに患者も医療者も共に生きる道があり、それは現代医療倫理を支える三原則となりうる。このようにして、「共に病む（苦しむ）医療」は誕生するのである。

三つのCを理想とし、実践してきた平山の晩年、彼が死の谷を歩もうとしていたとき、どのように神の僕として生きようとしていたのか。現代に生きる「苦難の僕」と「病を担うイエス」から導き出したキャリーという視点をもとに考察する。

九　祈りの診察室

二十年以上、平山はクリニックにキリスト教理念を掲げ、全人的、包括的医療を目指した。[125]「診察室は祈りの場である」という口癖には、病者も治療者も神によって祈られている存在であるという信念がある。祈りとは、回復への希望であると同時に、隣人の存在を肯定することにほかならない。ルカによる福音書二二章三二節「しかし、わたしはあなたのために、信仰が無くならないように祈った。だから、あなたは立ち直ったら、兄弟たちを力づけてやりなさい」という聖書の箇所を平山は生涯大切にしていた。慰める医術を実践したクリニックに訪れた初診患者は五〇〇〇人を超えたという。

クリニックを開業して五年がたち、医学の対象としての患者ではなく、地域に住む生活者として診るようになり、同じ目線に立つという視座にあらためて立ち直された、という。[126]しかし、再確認したというよりむしろ、それは彼らの重荷を共に担おうとする平山の決意表明でもあった。医師は患者や家族によって育てられる。なぜなら、病を担う者の心の中にイエスがいて、大切なことを教えてくれるからである。この根本的な理解が平山にはあったことを忘れてはならないであろう。さらに、その信念は診療をとおして深められ、病と死の淵で悩む者に対し、どのように連帯することができるのか、十年がたち主題がさらに深められていった。[127]

われわれは、この世にあって、罪責・犠牲・病（とくに心の病）、死の悲しみを担って生きなければならない。心病む人にとってもその家族にとっても、そうした悲しみを主にあって担い合い社会化し、創造的に生きるにはどうしたらよいのか、また、その悲しみを糧にして、人格的成長をもたらすための鍵は何か、さらに、そうした悲しみを聖化し、その悲しみを超越し再生するためにどうすればよいのか、それは、われわれ一人一人に問われている信仰の課題である。[128]

やがて、地域に出てから十五年が過ぎ、病者を聖書の人物と重ね、弱さとそれに伴う危機の中に、悩みから再生していく契機があることを紡ぎ出すまでにいたった。[129]同時に、自身も肺がんを患うにいたり、人を癒やす者は自分も癒やされなければならない、と自らの弱さとも向き合うことによって、神の前での謙遜と信頼をさらに深化させていった。そして、二十年目に筆者との対話集を残し、病にかかわるすべての者一人一人に言葉を託され、天に召されていった。[130]傷ついた癒やし人であったナウエンのように、[131]平山は生き、肉体の棘を背負いながらも最期まで治療者としての姿勢を崩さず、なおかつ、病を担う者として病者を理解しようと挑みつづけたのである。

十　平山正実の晩年――連帯から始まる希望

先述のように、二〇〇九年、平山は肺がんと診断されたが、治療経過をほとんど公にせず、講演会や研究会などを精力的にこなした。とくに、教会からの依頼は断ることがなく、必要とされれば全国各地に出向き、支援を行った。クリニックにおいても食事を忘れて診療を行い、体調が悪い姿を見せなかったといわれている。

二〇一一年、東日本大震災の後、平山は次のような文章で始まる手記を残している。「死者を担うことに実存がかかっていない執筆者の言葉は、どんなに理路整然とした、または美しい文章であったとしても、私の心に響くことはない」。病気を患う人が観ている風景や経験を大切にすることが重要であると唱え続けた平山は、病を担わなければわからない世界があることを熟知していたのであろう。闘病を続けながら、「神がゆるしてくださるなら」と常に前に進み続け、いっときも時間を無駄にすることはできない、と精神医療への貢献に最期まで命を賭けた。ひたむきな神への姿勢は時に激しく、誤解を招くこともあったかもしれない。しかし、ヨハネの黙示録二章一〇節「死に至るまで忠実であれ」が平山の愛称聖句であったように、ひたすら真面目に、全身全霊をこめて医療に取り組んでいたのである。「最初の志は真面目でも、いつしか初心を忘れ、医療の本質を見失ってしまう人は少なくありません。自戒の念も含め、お互いにこの言葉をつねに思い起こせたらと願っています[132]」という言葉のとおり、困難の中にあっても、ゼカリヤ一四章七節「夕べになっても光がある」と耐え忍び、「神が用意された道によって助けられてきた」と語っている。

二〇一三年十月二日、大学に出向いた最期の日、平山は用件を終えた後、帰りの途でルカによる福音書一七章一一節から一九節、イエスによるらい病を患っていた一〇人の癒やし物語を突然話しはじめた。イエスによって癒やされた一〇人、神を賛美しながら戻って来た一人と残りの九人の物語である。それを例にあげ、「精神医療は最も信頼関係を築くことが難しい分野の一つである。治療から離れていった九人のために、命果てるまで私は祈りつづけたいと思う」という願いを回顧とともに口にした。

入院数日前、平山は「病気になり、体が弱る状態になるまで、同じ境遇にいた患者さんの気持ちを真に理解していなかった」と述べた。当初、私はそれを悲観や諦めととらえていたが、まったく間違っていた。平山は、たとえ自身が死の淵をさまよっていたとしても、病人の人格を最後まで尊重し、人間の奥深くにある実存に光をあてようとする姿勢を貫きとおした。病を担うという共苦の思想を杖に、「このようになるまでわからなかった」といいながら、治療者としてキュアとケア、そしてキャリーを土台に死にいたるまで病者の心を慰めようと挑み続けていたのである。

入院後も創造的な活動を止めようとはしなかった。意識が朦朧とする中にあっても、思索を深め、次の論文の構想を練っていた。また、同時並行でクリニックの活動を広げ、さらなる事業の発展を模索していた。残念ながら、その中には達成できず、発展途上に終わってしまった企画もある。しかし、平山は語っている。「私がこれまで歩んできた人生を回顧しますと、自己中心的な動機から出たものではない夢はだいたい叶えられてきたように思います」[133]。この謙虚さこそ、病者の祈り、「神の御心に添わぬ者であるにもかかわらず／心の中の言い表せない祈りはすべてかなえられた」[134]に共通する、神の前にあって謙遜する「苦難の僕」であった。最期まで「神がゆるしてくださるなら、私を立たせてくださる」といい、それでも「常に神の方角を向きなさい。そこに希望があります」と託した。人はどのような状況になったとしても、最後まで神に向き合う時間が与えられている。ここに、病を共に担う神の救いがあると、平山は身をもって示したのであった。

状態が悪化する中で、ただ一言の言葉を繰り返すようになった。「神にあって連帯しなさい」。記念式において、平山静栄夫人は平山が日頃大切にしていたマルティン・ルターの言葉「明日、世界が滅びようとも、私は今日、林檎の木を植える」を引用され、式を閉じた。ルターは、イエスのたとえの中に「悲しみを担う」姿、苦しみにおける連帯を見いだしていた、という[135]。約半世紀、平山は生涯一臨床医として疾患の治療の可能性を追求した。また、「共に病める（苦しむ）人」として共苦することを大切にし、慰める方法を模索しつづけた。そして、「病を担うイエス」にならい、病者に仕え、神による癒やしと救いを信じ続けた。生涯をかけて、「上への超越」である治療とともに、「下への超越」である共苦の思想を明らかにしようとした平山の創造的人生は、医療者の誇りである。

注

（1）平山正実『精神科医の見た聖書の人間像――キリスト教と精神科臨床』教文館、二〇一一年、二四一―二六六頁。
（2）平山正実「旅行中に発症した精神障害について」『精神医学』13（4）、医学書院、一九七一年、三六三―三七一頁。
（3）平山正実「転任を契機として発病した教員のうつ病について」『精神医学』15（1）、医学書院、一九七三年、二七―三七頁。
（4）平山正実「こころの感応」、島薗安雄、宮本忠雄編『講座・こころの科学2　こころの生態』日本評論社、一九七五年、二一九―二三二頁。
（5）同上書、二二五頁。
（6）平山正実「狂信」、島薗安雄、宮本忠雄編『講座・こころの科学3　こころの病理』日本評論社、一九七五年、一一三―一二六頁。
（7）同上書、一二六頁。
（8）平山正実「日本人の死生観について」、日本自殺予防研究会、いのちの電話編『自殺予防と死生観』星和書店、一九七九年、一八三―一九八頁。
（9）平山正実「祭りと躁病」、木村敏編著『躁うつ病の精神病理4』弘文堂、一九八一年、九五―一二五頁。
（10）平山正実「農村と分裂病」、吉松和哉編『分裂病の精神病理11』東京大学出版会、一九八二年、三三一―三五六頁。
（11）平山正実「分裂病の妄想と救済願望」、土居健郎編『分裂病の精神病理16』東京大学出版会、一九八七年、二一九―二四一頁。
（12）平山正実「文化摩擦と精神障害」、土居健郎、笠原嘉、宮本忠雄、木村敏責任編集『異常心理学講座10　文化・社会の病理』みすず書房、一九九二年、二一一―二五七頁。
（13）聖アウグスティヌス『告白（上）（下）』改訂版、服部英次郎訳、岩波書店、一九七六年、岩波文庫。
（14）平山正実「宗教とカタルシス」、北森嘉蔵、赤星進、平山正実、岸千年『神学と精神医学の間　第1集』聖文舎、一九七九年、四三―六八頁。
(15) 聖アウグスティヌス、前掲『告白（下）』、二一頁。
(16) 加藤敏「アウグスティヌスにおける抑うつと信仰・創造」『人の絆の病理と再生――臨床哲学の展開』弘文堂、二〇一〇年、二七―六五頁。
(17) 平山正実、比賀晴美「過剰な被罰観念に支配された男性の一症例について」『臨床精神病理』7（4）、星和書店、一九八六年、三二五―三三三頁。
(18) 平山正実「神経症者における死の意識について」、日野原重明、山本俊一編著『死生学・Thanatology――死から生の意味を考える』技術出版、一九八八年、八八―一一八頁、死生学・Thanatology 第1集。
(19) 平山正実、鴨下重彦、曽我部博文、中野康平、細田瑳一「医学生の人間性教育をめぐって」『医学哲学医学倫理』2号、日本医学哲学・倫理学会、一九八四年、一四―二三頁。
(20) 平山正実「医学生と哲学――その授業方法をめぐって」『医学哲学医学倫理』4号、日本医学哲学・倫理学会、一九八六年、一―一五頁。
(21) 平山正実「読書会――医学教育に導入することへの試み」『医学教育』20（4）、日本医学教育学会、一九八九年、二五九―二六四頁。
(22) 平山正実「病棟実習について」『医学教育』18（2）、日本医学教育学会、一九八七年、一二三―一二九頁。
(23) 自治医科大学地域医学研究会編『いま、へき地医療は』講談社、一九八六年。
(24) 平山正実「生命倫理について」『聖マリア医学』12（2）、雪の聖母会聖マリア病院、一九八六年、七五―八一頁。
(25) 平山正実「ターミナル・ケアにおける態度変容」『医学教育』18（3）、日本医学教育学会、一九八七年、一九二―一九六頁。
(26) 平山正実「医学教育における哲学の在り方――医師の立場から」『医学哲学医学倫理』12号、日本医学哲学・倫理学会、一九九四年、一一八―一二四頁。

(27) 平山正実「死別体験者への精神的ケア」『Pharma Medica』13（1）、メディカルレビュー社、一九九五年、五三—五七頁。
(28) 平山正実「生と死の教育——とくに生涯教育の中で」、樋口和彦、平山正実編『生と死の教育——デス・エデュケーションのすすめ』創元社、一九八五年、一四四—一七〇頁。
(29) E・キューブラー・ロス『死ぬ瞬間——死とその過程について』鈴木晶訳、中央公論新社、二〇〇一年、中公文庫。
(30) 坂口幸弘『悲嘆学入門——死別の悲しみを学ぶ』昭和堂、二〇一〇年、一四—二三頁。
(31) アルフォンス・デーケン『生と死の教育』岩波書店、二〇〇一年、シリーズ教育の挑戦。
(32) 平山正実「死別者と悲嘆体験」、高橋祥友編著『精神医学から考える生と死——ターミナルケア・自殺・尊厳死』金剛出版、一九九七年、四七—五九頁。
(33) 平山正実「死別体験者の悲嘆について——主として文献紹介を中心に」、松井豊編著『悲嘆の心理』サイエンス社、一九九七年、八五—一一二頁。
(34) 平山正実『悲しみ』について——悲嘆反応の分析とその対応」、前掲樋口、平山編『生と死の教育』二一八—二四二頁。
(35) フロイト「喪とメランコリー」伊藤正博訳、新宮一成、鷲田清一、道籏泰三、高田珠樹、須藤訓任編集委員『フロイト全集14』、岩波書店、二〇一〇年、二七三—二九三頁。
(36) 平山正実「悲嘆の構造とその病理」、平山正実、斎藤友紀雄編『悲しみへの援助——グリーフ・ワーク』至文堂、一九八八年、三九—五三頁、現代のエスプリ。
(37) 平山正実「遺された家族のグリーフワーク」『精神科治療学』24巻増刊号、星和書店、二〇〇九年、二七六—二七七頁。
(38) 平山正実「悲しみを癒す一〇箇条」、河合千恵子編著『夫・妻の死から立ち直るためのヒント集』三省堂、一九九九六年、四〇—六一頁。
(39) 饗庭孝男、平山正実、斎藤友紀雄「座談会——グリーフワークをめぐって」、前掲平山、斎藤編『悲しみへの援助』、九—三八頁。
(40) 平山正実監修、グリーフケア・サポートプラザ編『自ら逝ったあなた、遺された私——家族の自死と向きあう』朝日新聞出版、二〇〇四年、三—二四頁。
(41) 平山正実「二次被害の回避とその留意点」、清水新二編『封印された死と自死遺族の社会的支援』至文堂、二〇〇九年、七四—九五頁、現代のエスプリ。
(42) 平山正実「「自死者の名誉回復宣言」(案)について——自死者の人格の尊厳を守るために」、同上書、二二四—二二七頁。
(43) 平山正実『自死遺族を支える』エム・シー・ミューズ、二〇〇九年。
(44) 平山正実「悲しみを乗り越える——離別体験の人間学的意味」、平山正実、A・デーケン編『身近な死の経験に学ぶ』春秋社、一九八六年、三—三四頁、生と死を考えるセミナー第2集。
(45) ハインリッヒ・シッパーゲス『中世の患者』濱中淑彦監訳、人文書院、一九九三年。
(46) 東洋英和女学院大学死生学研究所編『死生学年報二〇〇五——親しい者の死』リトン、二〇〇五年。
(47) 平山正実編著『死別の悲しみに寄り添う』聖学院大学出版会、二〇〇八年、臨床死生学研究叢書1。
(48) 平山正実「死生学とはなにか」『死生学とはなにか』日本評論社、一九九一年、一三—一八頁。
(49) トーマス・クーン『科学革命の構造』中山茂訳、みすず書房、一九七一年。
(50) ジャン゠フランソワ・リオタール『ポスト・モダンの条件——知・社会・言語ゲーム』小林康夫訳、書肆風の薔薇、一九八六年、叢書言語の政治1。
(51) G・ゴーラー『死と悲しみの社会学』宇都宮輝夫訳、ヨルダン社、一九八六年。
(52) フィリップ・アリエス『死と歴史——西欧中世から現代へ』伊藤晃、成瀬駒男訳、みすず書房、一九八三年。

(53) ノルベルト・エリアス『死にゆく者の孤独』新装版、仲居実訳、法政大学出版局、二〇一〇年、叢書・ウニベルシタス304。
(54) アルフォンス・デーケン『死とどう向き合うか』新版、NHK出版、二〇一一年、一二―二五頁。
(55) 島薗進「死生学とは何か――日本での形成過程を顧みて」、島薗進、竹内整一編著『死生学[1]――死生学とは何か』東京大学出版会、二〇〇八年、九―三〇頁。
(56) 渡辺和子「総合学としての死生学の可能性」、東洋英和女学院大学死生学研究所編『死生学年報二〇〇九――死生学の可能性』二〇〇九年、五―三二頁。
(57) 山崎浩司「大学における死生学教育の展開――英米と日本、現状と展望」、平山正実編著『死別の悲しみを学ぶ』聖学院大学出版会、二〇一二年、一六七―一九七頁、臨床死生学研究叢書3。
(58) 山崎浩司「死生学とは何か」、石丸昌彦編著『死生学入門』放送大学教育振興会、NHK出版、二〇一四年、九―二二頁。
(59) V・ジャンケレヴィッチ『死』仲沢紀雄訳、みすず書房、一九七八年、一―三六頁。
(60) ヴラジミール・ジャンケレヴィッチ「取り消しえないこと」、フランソワーズ・シュワップ編『死とはなにか』原章二訳、青弓社、一九九五年、一三―三八頁。
(61) 柳田邦男「私の場合、その自己分析――序にかえて」、A・デーケン、柳田邦男編『〈突然の死〉とグリーフケア』新装版、春秋社、二〇〇五年、一―二〇頁。
(62) 柳田邦男『言葉の力、生きる力』新潮社、二〇〇五年、二三一―二三六頁、新潮文庫。
(63) 平山正実「死生学」、河野友信、平山正実編著『臨床死生学事典』日本評論社、二〇〇〇年、二―三頁。
(64) 中村雄二郎『臨床の知とは何か』岩波書店、一九九二年、一三五頁、岩波新書。
(65) 平山、前掲『死別の悲しみに寄り添う』、五頁。
(66) 平山正実「人はどう死の恐怖を克服してきたか――死生学の射程」『死生学がわかる。』朝日新聞社、二〇〇〇年、五七—六七頁、AERA Mook。
(67) 平山正実『はじまりの死生学——「ある」ことと「気づく」こと』春秋社、二〇〇五年、二三七—二四八頁。
(68) 加藤敏「現代社会における喪の作業と「正常抑うつ」」、加藤敏編著『職場結合性うつ病』金原出版、二〇一三年、一八〇—一九一頁。
(69) 平山正実『人生の危機における人間像——危機からの創造をめざして』聖学院大学出版会、二〇〇六年。
(70) 平山正実「ターミナルケアと死」、小見山実、大森健一、中根晃、宮本忠雄編『生と死の精神病理』岩崎学術出版社、一九九六年、二五—五二頁、精神病理学の展望2。
(71) 平山正実『心の健康と聖書——精神科医の目から見た出エジプト記』袋命書房・いのちのことば社、一九九一年。
(72) 平山正実『心の癒しと信仰』袋命書房・いのちのことば社、一九九二年。
(73) アーサー・クラインマン『病いの語り——慢性の病いをめぐる臨床人類学』江口重幸、五木田紳、上野豪志訳、誠信書房、一九九六年、三—三七頁。
(74) 平山正実『見捨てられ体験者のケアと倫理——真実と愛を求めて』勉誠出版、二〇〇七年。
(75) 平山正実「緩和ケアとデスエデュケーション」『からだの科学』227号、日本評論社、二〇〇二年、六六—七〇頁。
(76) 安達富美子、平山正実編著『「燃えつきない」がん看護』医学書院、二〇〇三年。
(77) 平山正実『心の病Q&A50』いのちのことば社、一九九四年。
(78) 平山正実「悲嘆とスピリッチュアルケア」、窪寺俊之編著『癒やしを求める魂の渇き——スピリチュアリティとは何か』聖学院大学出版会、二〇一一年、一〇五—一六二頁、スピリチュアルケアを学ぶ1。
(79) 木田献一、山内眞監修『聖書辞典 新共同訳』日本キリスト教団出版局、二〇〇四年、一一九—一二〇頁。
(80) H・W・ヴォルフ『旧約聖書の人間論』大串元亮訳、日本基督教団出版局、オンデマンド版、二〇〇五年、二八九—二九九頁。

(81) ウィリアム・H・マクニール『疫病と世界史（上）』佐々木昭夫訳、中央公論新社、二〇〇七年、二三―四三頁、中公文庫。
(82) ルートヴィヒ・ケーラー『ヘブライ的人間』池田裕訳、日本基督教団出版局、一九七〇年、三七―六五頁。
(83) 秋山徹「聖書からみた病と死」、日本基督教団宣教研究所編『老い・病・死――教会の現代的課題』日本基督教団出版局、一九九三年、一三―四一頁。
(84) R・H・フラー『奇跡の解釈』早川良躬訳、日本基督教団出版局、一九七八年。
(85) A・リチャードソン『福音書における奇跡物語』小黒薫訳、日本基督教団出版部、一九五八年。
(86) 山形孝夫『治癒神イエスの誕生』筑摩書房、二〇一〇年、ちくま学芸文庫。
(87) 荒井献『イエスとその時代』岩波書店、一九七四年、七八―九四頁、岩波新書。
(88) エリック・J・キャッセル『癒し人のわざ――医療の新しいあり方を求めて』改訂版、土居健郎、大橋秀夫訳、新曜社、一九九一年、四〇―八〇頁。
(89) 同上書、八〇頁。
(90) ヒポクラテス「医師の心得」『古い医術について――他八篇』小川政恭訳、岩波書店、一九六三年、一八一―一九〇頁、岩波文庫。
(91) P・L・エントラルゴ『医者と患者』榎本稔訳、平凡社、一九八三年、二九―九〇頁。
(92) H・シッパーゲス『中世の医学――治療と養生の文化史』大橋博司、濱中淑彦他訳、人文書院、一九八八年。
(93) 川喜田愛郎「近代の黎明期と医学」『近代医学の史的基盤（上）』岩波書店、一九七七年、一六四―一六五頁。
(94) 松永希久夫『松永希久夫著作集第一巻――史的イエスの考察とキリスト論』一麦出版社、二〇一〇年、二六七―二八一頁。
(95) 関根清三「第二イザヤ書における代贖思想の成立――編集史的考察」『旧約における超越と象徴――解釈学的経験の系譜』東京大学出版会、一九九四年、三七三―五一〇頁。

(96) 関根清三「ヘブライの宗教倫理と贖罪思想――『イザヤ書』『第二イザヤ』を中心に」『ギリシア・ヘブライの倫理思想』東京大学出版会、二〇一一年、二七三―二九七頁。
(97) 中沢治樹『苦難の僕――イザヤ書53章の研究』山本書店、一九七五年、四八―四九頁。
(98) スーザン・ソンダグ『隠喩としての病い――エイズとその隠喩』新装版、富山太佳夫訳、みすず書房、二〇〇六年。
(99) 加藤敏「現代人のヒュブリス（思い上がり）と外傷後成長――三・一一に触発されて」、加藤敏編著『レジリアンス・文化・創造』金原出版、二〇一二年、三〇―五一頁。
(100) アーサー・W・フランク『傷ついた物語の語り手――身体・病い・倫理』鈴木智之訳、ゆみる出版、二〇〇二年、一七―四七頁。
(101) 波平恵美子『からだの文化人類学――変貌する日本人の身体観』大修館書店、二〇〇五年、五六―八二頁。
(102) 藤田みさお、赤林朗「臨床における倫理問題への取り組み」『日本内科学会雑誌』101（7）、日本内科学会、二〇一二年、二〇五九―二〇六四頁。
(103) 北沢裕「死生学の役割――死の受容モデルの検討」、東洋英和女学院大学死生学研究所編『死生学年報二〇〇六――死の受容と悲嘆』リトン、七―二二頁。
(104) イヴァン・イリッチ『脱病院化社会――医療の限界』金子嗣郎訳、晶文社、一九九八年（初版、一九七九年）。
(105) 同上書、一〇六頁。
(106) 同上書、一六一頁。
(107) 小俣和一郎『異常とは何か』講談社、二〇一〇年、一七四―二三〇頁、講談社新書。
(108) 岩井一正「ドイツ精神医学会の謝罪に先立つ個人的見解――精神科犯罪に荷担したのは、「有能な患者思い」の医者たちだった?」『診療研究』488号、東京保険医協会、二〇一三年、四〇―四五頁。
(109) 平山正実「ICUの治療と看護――家族に対するケアと生命倫理」『ICUとCCU』22（11）、医学図書出版、一九九八年、七九三―八〇一頁。

(110) フィリップ・アリエス「倒立した死」『死を前にした人間』成瀬駒男訳、みすず書房、一九九〇年、五二七頁。

(111) フーフェラント「医の倫理」『自伝／医の倫理』杉田絹枝、杉田勇訳、北樹出版、一九九五年、八八―一二八頁。

(112) トム・L・ビーチャム、ジェイムズ・F・チルドレス『生命医学倫理』永安幸正、立木教夫監訳、成文堂、一九九七年。

(113) Albert R. Jonsen, Mark Siegler, William J.Winslade『臨床倫理学――臨床医学における倫理的決定のための実践的なアプローチ』赤林朗、蔵田伸雄、児玉聡監訳、新興医学出版社、二〇〇六年、第五版。

(114) 小川鼎三『医学の歴史』中央公論社、一九六四年、七〇頁、中公新書。

(115) 日野原重明「死の教育――デスエデュケーション」、日野原重明、山本俊一編著『死生学・Thanatology 第3集――他者の死から自己の死を観る』技術出版、一九九〇年、二五二―二七四頁。

(116) 日野原重明『死をどう生きたか――私の心に残る人びと』一九八三年、中央公論社、一一頁、中公新書。

(117) 日野原重明「医術と宗教」『現代医学と宗教』岩波書店、一九九七、七八―一〇九頁、叢書　現代の宗教9。

(118) 平山正実「全人的医療をめざして――末期医療の観点から」『medicina』20（5）、医学書院、一九八三年、八二二―八二八頁。

(119) 川島みどり「看護とは何か　看護師とは何をする人か」、日野原重明、川島みどり、石飛幸三『看護の時代――看護が変わる医療が変わる』日本看護協会出版会、二〇一二年、一九五―二一八頁。

(120) 上野千鶴子『ケアの社会学――当事者主権の福祉社会へ』太田出版、二〇一一年、四四―六四頁。

(121) 日野原重明『病むことみとること』日本基督教団出版局、一九九一年、一一―四四頁。

(122) ウィリアム・オスラー「教師と学生」『平静の心――オスラー博士講演集』新訂増補版、日野原重明、仁木久恵訳、医学書院、二〇〇三年、三五―七〇頁。

(123) 同上書、四二頁。

（124）日野原重明「医療の概念を変えるのは、これからの看護である」、前掲日野原、川島、石飛『看護の時代』、一三一―一三三頁。
（125）平山正実「精神科医療におけるチームワーク」、岩尾貢、平山正実『とことんつきあう関係力をもとに』聖学院大学出版会、二〇一〇年、四八―七八頁、福祉の役わり・福祉のこころ。
（126）平山正実『心の病と信仰――主はわが命の袋』袋命書房・いのちのことば社、一九九八年。
（127）平山正実『心悩む者に神宿る』袋命書房・いのちのことば社、二〇〇三年。
（128）同上書、二一二―二一三頁。
（129）平山、前掲『精神科医の見た聖書の人間像』、三―七頁。
（130）黒鳥偉作、平山正実『イノチを支える――癒しと救いを求めて』キリスト新聞社、二〇一三年。
（131）黒鳥偉作、平山正実「境界線を生きる人ナウエン――心の軌跡と共苦の姿勢から学ぶ」、平山正実、堀肇編著『ヘンリ・ナウエンに学ぶ――共苦と希望』聖学院大学出版会、二〇一四年、八一―一〇六頁。
（132）平山正実『シェアー――20周年記念誌』北千住旭クリニック、二〇一二年、一一頁。
（133）同上書、三頁。
（134）平山、前掲『精神科医の見た聖書の人間像』、二五七―二五八頁。
（135）下館正雄「キリストにある連帯」、日本ルーテル神学大学教職神学セミナー編『現代社会の悲しみといやし』キリスト教視聴覚センター、一九九五年、二五三―二八七頁。

臨床生死観の一考察

――岸本英夫と高見順をもとにして――

窪寺　俊之

一　はじめに

本稿の目的は、一般に宗教用語として用いられている「生死観」を臨床的視点から考察して、人生の危機にある人を支える臨床生死観の構築を目指すことである。仏教辞典には「生死《しょうじ》」について「生まれることと死ぬこと、また、いのちあるものが、生まれることと死を繰り返すことをも意味し、〈輪廻《りんね》〉と同義にも用いられる。それ故、〈生死輪廻〉〈生死流転〉などという表現も仏典には散見される」とある。(1)「観」は見方、考え方を示すので「生死観」とは、生と死にかかわる問題の見方や理解の仕方を示すものとなる。キリスト教では「死生観」といい、人間の誕生や死についての考え方をさす。本稿では、とくに「生死観」「死生観」を宗派的違いでは区別しない。一般には「生死観」と「生死論」も使用されている。ここでは、「生死観」は各個人がもつ生と死にかかわる思いや私的考え方をさす。それに対して、「生死論」は、生と死に関する問題についての一般的体系的論述をさす。本稿では、宗教学者岸本英夫の「生死観」を取り上げて、その意味を明らかにし、それが死に直面した作家の高見順にとってどのような意味をもったかを分析しながら、臨床生死観の必要性とその特性を明らかにすることを目指す。

今日、終末期医療が国民的問題になっているが、終末期には身体的・精神的苦痛の中で、生きる意味や死後のいのちの問題が大きくなってくる。これらの問題は、生死観や生死論にかかわるテーマである。医師の川上武は生死観の現代的課題について次のように述べている。

> 生死観は宗教・思想（哲学）・倫理の世界の問題であり、医療の世界では病人個人の問題だと考えられてきました。ところが、医学・医療の対象が、感染症・結核から成人病・老人病にうつり、高齢化社会に突入するとともに生死観の問題にも大きな変化があらわれてきました。とくに、医療技術の進歩により高度医療（中間型技術）が主流になると、生死観は病人個人の次元にとどまらず、医療技術自体、医療システムの問題としても、軽視できない状況になってきました。(2)

ここで川上は、終末期医療が人々の生活に定着するには、医療の受け手である患者の生死観に踏み込んだ研究が必要だといっている。

今日まで仏教的生死論やキリスト教的死生論については仏教学やキリスト教学で論じられてきた。本稿は、死に直面した人の場合に必要とされる臨床生死観に焦点を当てて、特定の宗教に偏らないが、重篤な病、死、死別などを経験して、自分はどこから来て、どこに行くのかという問い、あるいは病床での不安、恐怖などをもつ人を支え、励まし、希望を与える生死観を明らかにしようとするものである。その意味で臨床生死観は、死後のいのちはもちろん、苦難を負って苦しむ人の生きる意味や目的にも触れる生死観である。

本稿では岸本英夫の十年間の闘病中のエッセーを集めた『死を見つめる心』（講談社、一九六四年）を取り上げて、彼が「生命飢餓感」との闘いの中でついにたどり着いた生死観「死は別れのときである」という理解に注目したい。岸本には「生死観四態」というエッセーがあるが、そこで取り上げている既存の生死観では彼自身が納得できなかった。死に怯えながらたどり着いた「死は別れのときである」という気づきで落ち着きを取り戻したと書いている。この理解は、彼に「生命飢餓感」からの解放を与え、将来への希望を与えた重要な生死観である。[3]この生死観について多くの宗教学者が関心をもち、岸本のたどり着いた生死観の内容を明らかにしようとしている。本稿はこれらの先行研究を整理しながら、この生死観が既存の宗教を信じない現代人にどのような意味をもつかを明らかにしたい。

とくに、本稿では作家の高見順（一九〇五～一九六五、享年六〇歳）を取り上げる。高見は一九六三年（五八歳）にガンが見つかり、苦しい闘病生活（一九六三年十月五日～一九六五年八月十七日）を送った。その苦悩を日記に克明に書き残したが、死後、『高見順　闘病日記（上・下）』（岩波書店、一九九〇年）として出版されたので、その『闘病日記』を資料に高見の苦痛を明らかにする。高見順の苦悩への岸本の生死観がもつ臨床的意味を考察したい。

本稿は次の順序で論述する。まず、岸本英夫の生死観「死は別れのときである」を著書『死を見つめる心』に収められているエッセーから四箇所引用する。この「死は別れのときである」の解釈は研究者によって異なっているので、それらの先行研究を分析して、この生死観の意味を明らかにする。次に、高見順の略歴と『闘病日記』に記された苦悩をまとめて示す。次に、岸本の「死は別れのときである」という生死観が高見にどのような助けを示せたかを明らかにしたい。岸本の生死観が高見の苦悩の緩和に与えた臨床的意味を明らかにし、その中で臨床的生死観に求められている課題を明らかにする。

二　岸本英夫の生死観

『死を見つめる心』の中には、岸本自身の生死論である「死は別れのとき」が数箇所で語られている。少し長いが引用してみよう。

(1)「別れのとき」(一九六一(昭和三十六)年七月十六日、NHKテレビ、『死を見つめる心』、二四―三四頁)

このエッセーは、元はNHKテレビで放映されたものであるが、岸本が「死は別れのとき」であると気づいた事情を最初に語ったエッセーである。岸本は一九五四年に日本女子大学の創設者成瀬仁蔵先生記念会で講演を依頼された。この講演の準備で成瀬講演録を読んでいる中で、「死は別れのとき」と気づいたのである。そのときの様子を次のように書いている。

私は、ひまがあれば、死というものは何か、と考えざるをえなかった。そしてこのことについて思いわずらっていたときに、ふとした機会に、「死」ということに対する考えかたの目がひらけたのである。その目をひらいてくれたのは、目白の日本女子大学の創立者である成瀬仁蔵先生の書かれたものであった。成瀬先生は肝臓癌にかかり、医師は、それをかくしていたが、先生は自分の病気を知っていた。……二年ほど前のある日、私は、女子大の成瀬先生記念会で講演をたのまれ、準備のために、先生の書かれたものをよんだ。その時に、私は、ふと、「別れのとき」ということに気がついたのであった。(4)

岸本は、一九五四年に米国のスタンフォード大学に訪問している間に、がんが見つかった。それ以後、彼は死の恐怖にさいなまれながら生きていた。生命飢餓感に襲われて「死とは何か」を考え続けていたが、「死は別れのとき」と気づいたことで大きな転機を迎えた。さらに、この気づきが、岸本にどのような結果をもたらしたかを次のように書いている。

「別れのとき」という考えかたに目ざめてから、私は、死というものを、それから目をそらさないで、面とむかって眺めてみることが多少できるようになった。それまで、死と無といっしょに考えていた時には、自分が死んで意識がなくなれば、この世界もなくなってしまうような錯覚から、どうしても脱することが、できなかった。しかし、死とは、この世に別れをつげるときと考える場合には、もちろん、この世界は存在する。すでに別れをつげた自分が宇宙の霊にかえって、永遠の休息に入るだけである。私にとっては、すくなくとも、この考え方が、死に対する、大きな転機になっている。(5)

岸本自身にとって、この気づきは少なくとも三つの意味があった。①死と向き合うことができるようになった。②自分が死んだあとも、この世は存在しつづけることに気づいた。③この世と別れたあと、自分は宇宙の霊にかえって永遠の休息に入ると理解できた。この気づきは、死と向き合う姿勢をもたらす大きな転機になったという。

(2)「癌の再発とたたかいつつ」(一九六二(昭和三十七)年一月、『婦人公論』三月号、『死を見つめる心』、八〇―九一頁)

死は、大きな別れである。すべてのものに別れを告げる。徹底的な別れであるから、これは容易なことではない。もし、死が現実にやって来る前に、十分に心の準備をしておかなかったら、とてもそれに耐えることはできないようなものである。しかし、普通の場合、人間は、驚くほどそのための心の準備をしていない。それで、死は、いつでも不意打ちのような形で襲って来ることになる。それに対して、人間は、取り乱して狼狽するだけである。(6)

この文章では、①死は他の別れと比べて、特別大きな別れであり、別れの苦しみは並大抵でないこと、②別れに耐えるためには心の準備が必要であること、準備がなく死に襲われて、狼狽する人がいる、と述べている。岸本は死の恐れは「別れ」にあるとし、そのための準備をすすめている。

(3)「私の心の宗教」(一九六二年七月十二―十四日、NHKラジオ「人生読本」、『死を見つめる心』、三五―四七頁)

私自身は、世界じゅうの宗教を研究することを専門の仕事としておりますので、自分が、死の瀬戸際にまで追いやられました時に、いったいいろいろな宗教は、この問題を、どう解釈しようとしているか、と考えまして、さまざまの宗教の教えを調べてみたのであります。そうすると、多少の例外はありますが、死に対する伝統的な宗教の教え、解決方法というものには、一つの型がありまして、しかも、その一つの型しかない、ということを知ったのであります。それは……人間の生命は、死後もつづくということを、主張するところにありました。この自分というものが、この地上の世界で、一応は死んでも、本当には、まだ、死んでいないのだ、ということを、いろいろに説いて、それを、納得させようとしているのであります。そして、死後も、人間は、死なないのだ、という前提をたてておいて、そこから生きている人間にとっての、死の問題の解決を、はかろうとするものであります。……私の心は、それでは、どうしても、納得しなかったのであります。私の心だけではなく、近代人の中には、私と同じように、納得できない人が、たくさんあるのではないか、と思うのであります。……私の個人の生命力というものは、私の死後は、大きな宇宙の生命力の中に、とけ込んでしまってゆくと考えるぐらいが、せい一杯であります。それは、いいかえれば、私という個人は死とともになくなる、ということであります。自分の死後を、このように考えるとしますと、自分にとって、残されているのは、現実のこの世界、この現実の人間世界、そして、今、営んでいるこの命だけ、ということになります。恐ろしいことでありますが、これをはっきり、ごまかさずに意識する、というところに、私の日常の宗教の出発点があると思うのであります。(7)

ここで岸本は、①いかなるかたちでの死後のいのちの存在をも明確に否定している。にもかかわらず、②「私の個人の生命力というものは、私の死後は、大きな宇宙の生命力の中に、とけ込んでしまってゆくと考えるぐらいが、せい一杯であります」と語り、前文の死後のいのちの全面的否定と矛盾する内容が語られている。

この矛盾はどこからくるのだろうか。いくつもの解釈が可能である。その一つは、岸本の本心は、肉体的死後、霊的いのちが残ると考えてはいなかったであろうというものである。そう推察する根拠に、次のような文章がある。「死に直面しながら、死後の生命というものをたよりにしない私にとって」と明確に語っている。(8) 死後のいのちを信じないと明確に語り、だから身近にある仕事に打ち込んで生きるのだといっている。

そう考えると、「私の個人の生命力というものは、私の死後は、大きな宇宙の生命力の中に、とけ込んでしまってゆくと考えるぐらいが、せい一杯であります」と述べた言葉は、現実的には起こらないが、彼の願望を語った言葉として理解できるのではないか。科学的事実しか信じない岸本にも、こころに湧き上がる願望があったのである。そしてそれを否定しなかったのである。科学的宗教学者岸本にも無意識から湧き上がる願望があり、それが今を生きる支えの一端になっていた、と考えることができる。

(4)「わが生死観」（一九六三（昭和三十八）年十月、『理想』一一月号、『死をみつめる心』、一一一―一二三頁）

それ以来、私は、一個の人間として、もっぱらどうすれば「よく生きる」ことができるかということを考えている。しかし、そう生きていても、そこに、やはり生命飢餓状態は残る。人間は、一日々々をよく生きながら、しかも同時に、つねに死に処する心構えの用意をつづけなければならない。私は、生命をよく生きるという立場から、死は、生命に対する「別れのとき」と考えるようになった。立派に最後の別れができるように、平生から、心の準備を怠らないように努めるのである。(9)

この文章は岸本の最後のもので、一九六三年の夏ごろ、つまり亡くなる半年前に書かれたものである。以下のことが述べられている。

①「死は別れのとき」という理解が岸本の生死観であること。②死に処する心構えの用意をする必要があること。③そのためには、一日一日をよく生きること。④以上の心構えでいても生命飢餓感は残ること。

このエッセーを執筆していたころ、岸本は東京大学図書館長であり、改修工事の最中で多忙をきわめていて、その仕事に熱中していた。だからといって、彼には死の不安がなかったとはいえない。「生命飢餓感は残る」と書いているように、仕事に打ち込んだからといって生命飢餓感は残っていたのである。

前の文章では「死は別れのとき」と受け止めて「生命飢餓感」から解放されて人生は転換したといいながら、彼が最晩年に書いた文章の中では「生命飢餓感は残る」と書いている。この言葉は、岸本が生命飢餓感から完全には解放されていなかったことを伝えるものである。

まとめ

岸本英夫の『死を見つめる心』の中の「死は別れのときである」ことを述べた箇所を発表年代順に引用した。

「死は別れときである」との岸本の理解は非常に大きな意味をもっている。とくに、彼自身は宗教学者として世界の宗教を知り尽くしていても、なお心から信じられる生死観は見つからなかったということである。その彼がついにたどり着いた生命観とは、「死は別れのときである」という理解であり、これは彼のこころの中で納得がいったのである。多くの研究者が彼の「死は別れのときである」であるという発言に関心を示しているのは、岸本の生死観の中に現代人の必要に応える生死観があるかもしれないとの期待があるからではないだろうか。現代人は科学的思考や科学的価値観を重んじているために、宗教を軽視する人が多い。その点で現代人は宗教をもたないという岸本と同じ立場に立っている。その岸本が納得できたという生死観は現代人の生死観になりうるのではないだろうかという期待があるからである。

三　先行研究にみる解釈

この「死は別れのときである」の解釈についての先行研究をみてみよう。

(1) 宮家《みやけ》準《ひとし》

民俗学者の宮家は『生活のなかの宗教』の中で、岸本英夫の「死とはこの世と別れをつげる時と考える場合にはもちろんこの世は存在する。すでに別れをつげた自分が宇宙の霊にかえって永遠の休息に入るだけである」を、「自分であみだした死生観」であると述べている。(10) そして「このことは死に直面した人間にとって他界の存在を信じることがいかに大きな安らぎを与えるかということを示しているとも思えるのである。そして、他界におもむいた死者の霊は、そこにあっても常に自分がこの世に残して別れてきた妻子の生活を心配していると考えられるのである」と述べている。[11] この宮家の指摘は科学的宗教学者岸本が「死の怖れがもたらした信念のぐらつきの中で……独自の他界観を案出した」と批判したかのようにみえる。しかし、宮家は戦没農民の遺書や戦争未亡人の記録や神風特攻隊員の遺書を引用しながら、「死を契機として自分がこの世から完全に消滅してしまうことを信じるのは、あまりにもつらいことである。そこで彼らはたとえ肉体がくちても、死後は霊魂に姿をかえて他界で生き続けると信じることによって、死の苦しみからのがれようとしたのである」と述べている。[12] 日本人の霊魂観には「この世を去った最愛の人は、あの世で霊魂として生き続け自分たちをみまもっていてくれると信じ[13]」るところがあり、岸本も日本人の霊魂観をもっていたという。[14]

(2) 相良《さがら》亨《とおる》

日本倫理思想史学者の相良亨は著書『日本人の死生観』の中で「日本人の無についての覚え書——別れとしての死」という章をもうけて、宗教学者岸本英夫と作家高見順を取り上げ比較している。岸本が死を絶対的な別れと考えるにいたったことは、彼には「重大な発見」であるが、「死を別れととらえるとらえ方は必ずしも新しいものではない。……死を別れとするとらえ方は、王朝以来のものであるように思われる」と書いている。[15]

さらに岸本の「死は別れのときである」という気づきには「根源的に他者とのつながりにある自己」が実感されていたのではないかと語っている。[16] そして岸本が「私は死後は、大きな宇宙の生命力の中に、とけ込んでしまってゆく」と語った意味を、「宇宙の生命力の中にとけ込む、それはいいかえれば、私という個人が死とともになくなるということであるというとらえ方は、逆にすれば、私という個人が死とともになくなることは、宇宙の生命力にとけ込み永遠の休息に入ることである、となるであろう」と相良は解釈している。[17] そしてそのような別離を永遠のやすらぎとしてとらえることが、日本人のとらえ方の中にあるとして、宗教民俗学的解釈をしている。[18]

(3) 柳川啓一

柳川は岸本の弟子で直接指導を受けたが、岸本が『成瀬仁蔵先生講演集第十』を読んで、なぜ、死は別れであると受け止めたかわからないと述べている。[19] 岸本は、死は「別離の大仕掛けの徹底したもの」であり、「完全別離」であると述べている。その意味を柳川は次のように解釈している。

別離そのものは我々の日常体験で、深い浅いはあるにせよ、しょっちゅう出てくる。そうすると死に耐えるためには、普段から「別れの時」に動揺しない心を持っていればいいのではないか。つまりそれは、武士が普段から死の覚悟をするように、……覚悟をするために修行をする、そういう行《ぎょう》を積み重ねてゆけばいいではないか、それが先生の考えでした。[20]

死後の世界があるという意味の信仰でもない、あるいは、死後の世界がないという信仰でもない。先生の晩年の境地は、死後の世界の有無は、これはもう問題にはならない。大事なのは、最期の時までどう、よりよく生きてゆくかということ。……先生の本が非常によく読まれたのは、何かを信じるという信仰ではなく、むしろ態度というか生活意識というか、構えることのない生活意識として、死後の問題というのが出ているからだと思います。それを私流の用語に置き換えれば、信仰箇条を持たない宗教ということになります。[21]

柳川は岸本の「死は別れである」を身体的、精神的側面から理解している。さらに、死が宇宙のいのちの中に入って「永遠の休息に入る」といった文言を、「永遠の別れ、さよならといって永遠の休息に入る」、そういう「旅のイメージ」で岸本はとらえたという。そして、この「旅のイメージ」は、日本の伝統的・民間宗教的とらえ方だと述べている。[22] ここには、柳川が専門とする日本人の民間宗教研究の結果が反映しているようにみえる。柳川は日本人の宗教心を「信仰のない宗教」ととらえ、日本の宗教を民間信仰と呼び、岸本の生死観をその伝統の中で理解しようとしたことがみえる。

(4) 脇本平也《つねや》

岸本の直弟子の脇本平也はがん患者としての岸本英夫を取り上げながら、岸本が主張した「死は大きな別れである」を身体的別離として受け止めている。[23] その上で宗教学的に注目される「すでに別れをつげた自分が、宇宙の霊にかえって、永遠の休息に入るだけである」について、「霊魂観をしりぞけた科学者岸本の話としては気にかかる」と述べて、[24]「私の死後は、大きな宇宙の生命力の中に、とけ込んでしまってゆく」といういい方を参照して「宇宙の霊とは生命力の根源のようなもののイメージでなのだろうか。とすれば、いわゆる個人の霊魂の否定と、必ずしも矛盾するとはいえないかもしれない。刀折れて矢尽きて岸本も霊魂を認めた、ということではないようである。いずれにしても、このような宇宙霊・宇宙生命力という見方もまた、宗教思想の諸伝統のなかでは決して珍しくはない」[25] と述べている。

(5) 島田裕巳

島田は、大学時代の恩師柳川啓一が脳腫瘍のために亡くなったことや柳川の先輩教授岸本英夫の死に触れながら、岸本の「死は別れである」を家族や研究室の弟子たちとの別れと理解し、別れの行為の中にある人との絆に「生者と死者の共同体」の成立をみている。[26]

(6) 大町公《いさお》

倫理学者の大町公は「岸本英夫のたたかい」と題する論文[27]の中で、岸本は科学的宗教学者としてがんによる死の接近に直面して「生命飢餓感」に襲われつつ、既存の宗教が示す死後の世界の言説に頼らず、素手で死の前に立ち続けたと述べ、岸本の「その生き方、学問に対するその姿勢に……畏敬の念を覚える」と書いている。[28] 岸本が「生命飢餓状態」になりつつ、「死を別れのとき」と理解したことで死を受け止めることができたと語っているが、その理由を死に慣れることにあったと理解している。大町は「死は別れである」の意味の探求ではなく、むしろ「宗教学の学者として、現代にどのような宗教が可能なのかを、一身を賭して思索しようとしたと言っていいだろう」と述べており、[29] 科学的宗教学者としての使命感や生きる姿勢に焦点を当てた研究をしている。

(7) 近藤勝彦

神学者近藤勝彦は「死について」(ローマの信徒への手紙8・31―39)という説教の中で、岸本の生死観を取り上げて次のように述べている。

岸本氏は、最後は「死は別れであって、死によって人々から別れ、宇宙霊魂、宇宙の生命の中に入っていく」と考えた。「宇宙霊魂」「宇宙生命」などの表象にはアミニズムの響きが感じられる、……既成の宗教に生きることのできなかった日本の知識人が、自家製の宗教的世界観の表象に到達したということであろう。壮絶な死との内的戦いであったが、結論的には意外に素朴な疑似宗教の中に安心を求めたと言わざるを得ないであろう。(30)

きびしく批判しているが、キリスト教的立場からすると岸本の生死観は単なる思い込みにすぎないとみえたに違いない。イエスキリストの十字架が人間の罪の贖罪であり、復活が死への勝利を示すキリスト教の死生観からすると、岸本の生死観は根拠のない個人的思いつきにすぎないと思われたのである。

(8) 中村みどり

中村は岸本が「生命飢餓状態」に陥っていた状態から「癌のおかげでほんとうの生活ができるのだという感じがするのである」といった心境の変化の理由を明らかにしようとしている。(31)「死は別れである」という岸本がたどり着いた生死観に注目して、「宇宙の霊にかえる」の意味を成瀬仁蔵の講演内容に戻って分析している。「宇宙生命への溶入」は自分の身も心も捧げ尽くして生きることで「永遠の生命」につながることであると岸本は気づいたという。中村は、岸本の死後観の中核は宇宙生命への溶入であり、それは、身体的生命が消滅したあとも人への愛の心が他者の内にあり、「私たちのささやかな『愛の力』もまた、『宇宙の完全を実現する原動力』となる大人格の『愛の力』に合流する」と考えるものであろうと述べている。(32)この論文の焦点は「別れ」に置かれているよりも、むしろ「宇宙生命への溶入」にある。

(9) 竹内整一

哲学者竹内整一は論文「日本人の死生観」の中で、岸本英夫の死の理解を伝統的日本人の死生観の中に位置づけている。[33] 竹内は本居宣長、親鸞、志賀直哉、南木佳士《なぎけいし》の言葉を引用しながら、本居らが生と死が一つであると理解したこと、それが「おのずから」の働きであり、「自然《じねん》」であり、「宇宙の秩序」にあると理解したという。岸本が「死は別れである」と理解したとき、そこには「おのずから」という理解があり、自然の流れに任せることができ、「死がむしろ、親しみやすいもの、それと出逢いうるものになってきた」のであるという。竹内は岸本の「死を別れ」と理解した内容には、日本人の中に流れている「さようであるならば」と「何ごとかを確認することによって、次の事柄に進んで行く」という発想があると指摘している。[34] このような発想は日本人の伝統的自然観にある生死観によるとしている。

まとめ

以上のように、「死は別れのとき」の解釈は研究者によって分かれている。「死は別れのとき」の文言のあとに、宇宙の霊に戻ることが書かれているために、前半と後半のどちらに焦点を当てるかによって解釈は異なってくる。前半をとれば、死の身体的、精神的別れを意味する点に焦点を当てた解釈となり、後半をとれば、死者の霊が永遠の世界に入ることに焦点を当てた解釈となる。岸本の文言は、この二つの解釈を可能にしている。またこの二つのもののつながりをみる解釈もあった。そして、どちらの解釈が正しいかの判断は困難である。

また、発表時期から各研究者の解釈の違いをみると、岸本の死後早い時期に書かれた解釈では、「死は別れのとき」の「別れ」が強調され、死は日常生活の別れと比較して、特別大きな別れであると解釈する説が多い。たとえば宮家や柳川らは、「別れ」に焦点置いて、日常的別れの延長線上で理解し、それが日本人の伝統的解釈だとしている。それに対して、時間が経過すると、たとえば中村や竹内では、別れの後の霊に焦点を当てて、霊が永遠の世界に入ると岸本が考えたと解釈している。死後もいのちの継続性をみようとしているという解釈である。

このような解釈の違いはどうして生じるのか。このような解釈の違いには、解釈者の研究分野が強く影響しているようにみえる。民俗学者の宮家は民俗学的視点から解釈している。近藤はキリスト教神学の立場に立つので、岸本の生死観はまったく相手にできないと退けている。また、竹内などは「別れ」に注目して、それを当然のこと「おのずから」として死を解釈しているが、死を「おのずから」のこととして、自然体で受け入れることができるような印象を与える。これでは、岸本が別れの訓練の必要性を述べた死の恐怖にさいなまれる人間の苦悩が軽視されてしまう。岸本は、死の別れは訓練なしには向かい合えないほど激しいものだと述べている。ここには解釈者の強調点が明らかにみえる。

岸本の生死観には、いのちの断絶の問題と死後のいのちの継続の問題が同居していた。迫り来る死をどう受け止めるのか、いのちの断絶か死後のいのちの継続のどちらに焦点を当てるかで異なる解釈が生まれている。死後のいのちの継続を扱ったのは中村や竹内である。この解釈にいたるには岸本死後四十年の年月が必要だった。専門家による研究によって明らかになるまでに長い時間が必要だったことを考えると、専門知識や研究手法をもたない人が、ここまでの深い理解にいたることは、容易なことではない。その意味では岸本の生死観は一般の人々の臨床には向いていないといえる。

果たして、岸本は死後のいのちの継続をこのようなかたちでも信じていただろうか。岸本は死後のいのちを信じないと明言しているので、彼自身の意識の中にはいのちの継続はなかったと思われる。

生死観は生と死にかかわる見方であるが、岸本の生死観では人間のいのちの歴史性や実存性には触れられていない。生死観は誕生や死の意味に触れることはもちろん、生の苦悩や後悔や罪責の問題への言及が不可欠である。臨床生死観は生を終えることに苦しむ人の人生の総決算を助け、課題を抱えて苦しむいのちを支え、将来への望みを与えるものであることが求められる。

四　高見順にみる宗教的なものへの渇望

次に高見順ががんとの闘いの中で苦しんだ問題を取り上げながら、彼の死との向き合い方を助ける臨床生死学の課題を明らかにしたい。

高見順（本名　高間芳雄、一九〇七―一九六五、享年五八歳）は、福井県知事阪本釤之助の非嫡出子として福井県坂井郡三国町（現坂井市三国町）平木に生まれた。母は三国小町と呼ばれた高間古代《こよ》であったが、高見順が二歳の時、三国に居づらくなって順をつれ、祖母と共に父のいる東京に出た。旧制東京府立第一中学校、旧制第一高等学校に進み、さらに、東京帝国大学文学部英文学科に進んだ。この旧制高校時代に左翼思想に入り、大学時代を通じて活発にマルクス主義を信奉して、彼の人生の基盤をマルクス主義に置いていた。ところが、昭和三十八年十月(一九六三年、五六歳)、のどに異常を感じて診察を受けたところ食道がんと診断された。繰り返し手術を受け、治療を続ける中で、高見の心は、不安や懐疑に襲われた。高見の人生を導いてきたマルクス主義思想は、彼の生きる力にならなかった。そこで、宗教書をむさぼるように熱心に読んで救いを求めた。その中には友人の滝沢克己の『仏教とキリスト教』があった。また、旧制第一高等学校の友人井上良雄は高見の病床を訪問してキリスト教の紹介などしている。(35) また、一高時代の友人には静岡県三島の龍沢寺の禅僧で俳人の中川宋淵(36)がおり、鎌倉の円覚寺管長朝比奈宗源との交流もあった。

(1) 岸本の死への思い

高見は昭和三十九(一九六四)年九月十三日の日記に、岸本英夫について、「故岸本氏と同じだが(岸本氏は宗教学者ながら遂に宗教にはいれなかった。理性で宗教にはいれぬのは当然である。あの苦しみのなかで宗教に縋《すが》れなかった氏を私はむしろ尊敬する)」と書いている。(37) 高見が岸本と親交があったかどうかはわからないが、岸本が亡くなったのは一九六四年一月二十日であったから、新聞などで岸本の死を知ったと想像できる。この文面からみると、高見は岸本に親しみを感じ、尊敬の念をもったようだ。

この「氏を私はむしろ尊敬する」という感覚はどのようなものなのか。いくつかの可能性が考えられる。

①高見は苦しみを共にする同朋、戦友のような感覚で岸本を受け止めたのかもしれない。お互いにがんの苦しみから逃れられない運命にある。同じ運命を負った岸本という人間がいることが高見にはひとつの慰めであり、かつ宗

教に逃げずに苦痛に耐えている岸本の姿は、高見にとって精神的支えになったかもしれない。

②高見が岸本に対して「尊敬する」といった意味は、苦しみに耐えている姿に与えた言葉かもしれない。がんの苦しみは、当時は疼痛緩和の技術がなかったから、想像を越える痛みであった。その苦痛を耐えた岸本を褒めた言葉と理解できる。

③岸本も、高見も、科学的に把握できないもの（神仏、死後の世界など）を信ずることに偽善を感じたのかもしれない。あえて宗教を信じないことで自分たちの生き方の正当性を示そうとしたのかもしれない。宗教の多くは神仏を語り、その神仏への信仰が人を救うと理解している。彼らには、信仰が人を救うという言葉が偽善に聞こえたのかもしれない。高見がもらした岸本の死への思いから、苦しみに耐える高見の姿がみえてくる。

しかし、当時、高見は宗教書を読みあさっていた。次に、高見の宗教的渇望についてみてみよう。

(2) 高見順の宗教的渇望

高見はがんの苦痛の中にありながら多くの宗教書を読みあさって救いを求めている。キリスト教、仏教の著名な書籍を数多く読んでいる。また、神学者井上良雄や禅僧中川宋淵らの宗教者としての生き方に尊敬を払っている。そこには高見自身が抱えていた問題があったからである。筆者は「高見順の死生観について」という論文で、彼の抱えていた苦痛を『闘病日記』を資料に分析した。(38) 明らかになったことは、高見が多くの問題を抱えていた事実である。それが彼を苦しめ、宗教に答えを求めさせた。彼を苦しめた問題を『闘病日記（上・下）』からまとめると、次のようになる。

①人生の敗北者

私は自分の人生をかえりみて、生活者としての私は失敗者だったと思わざるをえない。私の実人生は失敗だった。では、文学は？　文学だって失敗だ。何かやろうとすると、きっと何か障害（やれ弾圧だ、やれ戦争だ、やれ病気だ）がおきた。……私の内部に自己否定の精神がいつも強く生きていた（昭和三十九年十二月二十七日、『闘病日記（上）』、三三三頁）。

②父母から捨てられた自己像

私には、一、父がいない。二、「父」もない。私は今、父をさがし、「父」をさがしているような気がする（昭和四十年四月十七日、『闘病日記（下）』、二〇四頁）。（筆者註：父は肉親の父、「父」は天の神）

③自責感

昨夜、妙な、いやな夢を見た。石田愛子の夢である。……脳バイドクのために出演不能。後頭部あたりに大きな腫瘍、髪の毛が四谷怪談のお岩みたいにズルズル抜けて行く――。……酒のたたりで何年か寝たままで遂に死んだ石田愛子の、その生前の荒廃には、私も責任がある（昭和四十年三月二日、『闘病日記（下）』、一五七頁）。

④実子（恭子）への痛み

私自身、私生子の悲しみに苦しめられてきたのに、恭子はこの四月から小学校二年生。そろそろ父の姓と母の姓とがちがうことに、どうしてだろうと疑問を持つにちがいない。かつての私とおなじように。そして私とおなじように自分ではどうすることもできないその「恥」に苦しむにちがいない（昭和四十年四月二十四日、『闘病日記（下）』、二一七頁）。

⑤いのちの誕生と死後

私はどこから来た者なのであるか。（私にも一応、父はある。母もいた。しかしそのことと、これとは別問題――）私はどこへ去るのであるか。渡り鳥を思う。来るべきところから来り、去るべきところへ去って行く。私はいずこから来り、いずこへ去るのであるか（昭和四十年二月十二日、『闘病日記（下）』、一三八頁）。

これらの日記には高見の魂の叫びが吐露されている。彼には生きていることが、恥、敗北感、自責感、遺棄感、死後の不安に満ちたものに感じられていた。高見の問題は非常に深刻なもので彼自身では負い切れず、宗教に助けを求めたと考えてよい。『闘病日記』をみるかぎり、彼が誰かに助けを求めて解決しようとしたことはない。彼が唯一したことは、宗教書をむさぼり読んで答えを探し求めたことである。その意味で彼は宗教に期待し、そこから悩みの解決を見つけ出そうとしていたといえる。

ここでとくに注目したいのは、⑤「いのちの誕生と死後」であり、これは生死観にかかわるものである。死の接近を感じながら高見は自分の誕生の意味を問い、死後の世界の不安を吐露している。彼を苦しめている問題を整理すると以下である。①「私にも一応、父はある。母もいた。しかしそのことと、これとは別問題」とあるように、肉体的誕生と精神的生の意味とは、別物だということ、そして、生の精神的意味を知りたいのだと語っている。②

生の精神的意味とは、私生児として生まれ、父を知らずに苦しんで生きてきた自分の人生とは何だったのかを知ることである。その答えを高見は求めていた。③死後のいのちがどこに行くのかという不安と怖れが高見にあった。高見には、若いときに石田愛子に子をはらませ堕胎させたり、その後に私生児（恭子）を生ませて恥を負わせたりしたことから、深い罪責感があった。彼は、自分は地獄に落ちても仕方がないと自虐的であった。

これらの苦悩に応えられる生死観を高見は求めていたといっていい。つまり、高見は、過去の人生を総決算でき、現在のいのちを支え、未来に向かっての望みを与えてくれる生死観を求めていたのである。

死に直面した人たちは、自分の過去を振り返りながら自分の人生の総決算をするといわれている。人は「人生の総決算」という作業をするための生死観を求めるのである。(39) この世に生を与えられ、生を託された者が最後にしなければならない作業である。高見が死に直面してもっとも困難を覚えた作業は、この自己の人生を肯定し、意味づけるための生死観を見つけることだったのである。

五　臨床生死観の特徴

宗教学者岸本英夫と作家高見順を取り上げてきたが、二人とも基本的には科学主義者であった。科学的に証明できるものしか信じない立場である。両者は知性や理性で証明できるものしか信じなかった。これは現代的科学主義であって、一つの価値観にしかすぎない。科学的価値観に立つ現代社会は実に人生の苦難を生きるための重要な視点を失ってしまった。現代科学が寿命を伸ばし、豊かな生活を保障してくれたことを認めながらも、人生の総決算で深い罪責感にさいなまれるときや死後のいのちに悩むとき、科学的価値観は助けにはならない。

臨床生死観は科学的思考の価値を認めつつも、人々の死後の希望を支える生死観を重視する立場である。それは死に直面した人の全人生を支え、残されたいのちを支え、将来への望みを与えるものである。それは非常に宗教的であり、目には見えない世界を信じるものである。超科学的生死観である。

人はどのようにして宗教とかかわるのだろうか。少なくとも三つの要因が介在している。感性、理性、信じる能力がかかわっている。

①人が森羅万象に出会って、そこに宗教的意味を見いだすことから宗教との関係が始まる。多くの場合、そこでは感性が重要な働きをしている。宗教的意味を認識するのは、神の意図や存在を感じるからである。科学的には証明できないが、人は感性で神の存在や神の意図を感じ取るのである。この感性がないと人は宗教との関係を作ることは難しい。

②宗教的意味を感じたとき、その人の中に宗教的空間が生じる。それまでの思考パターンとは異なる新しい思考が始まる。人は神仏との関係で森羅万象の出来事を解釈し理解するのである。この解釈には知性や理性が働く。理性的に理解するための論理性が働き、人の体験的出来事を神仏との関係の中で論理的に組み立てて総合的に理解しようとする。物質的な目に見えるものと見えない神仏との間に関係を見つけ出す理性的作業である。この作業こそ、宗教がもつ教義や教理である。この教義や教理は各宗教によって異なるものが生まれてくる。

③再構成され納得できた教理や神的世界観を自分の信仰として受け入れることで、個人的信仰が形成される。ここには、個人的に受け入れる信仰が必要なのである。この信仰、つまり個人的決断がないと宗教は個人的出来事とはならない。自分の人生を支える力にはならない。

この宗教心分析モデルに照らしてみて、臨床生死観を考えると、この三つの要因を重視することが求められる。(40)理性的解釈のみに片寄る生死観では不十分で、感性や信じる力をも包括する生死観が必要である。この世の出来事の中に神の出来事を見て取ることも大切である。森羅万象に神の介在を認識する感性が新しい生死観を生み出すことができる。また、深い罪責感で苦しむ人には、罪責を赦し、現実の生を受け入れつつ、将来に希望を示せる生死観が求められる。

臨床生死論は人間の全能力(感性、理性、信じる能力)などを認め受け入れて、生と死に伴う問題を総合的、体系的に扱う学問となる。

六　まとめ

(1) 科学的生死観の限界

岸本の生死観「死は別れのときである」は、確かに岸本の「生命飢餓感」の軽減に役立ったことは明らかであった。しかし、臨床的視点からみて、高見順の宗教的苦悩を軽減するにはいたらなかった。その理由は、死に直面した人には全人的ケアが必要であって、当人の過去の罪責、苦難を負った上の生きる意味や、未来に向けての希望が必要であったからである。死を目前にして人生の総決算をする人には、過去、現在、将来にかかわる生死観が必要なのである。その点、岸本の生死観は彼の科学的宗教学に基盤を置くもので「死は別れのとき」は、死を身体的・精神的離別としてしか扱っていない。そのため、悔いや罪責感の問題への解答や将来への希望を与えることができなかったといえる。臨床的にみると、夢の中で亡き両親が現れて手招きする姿に励まされて安らかに死を迎えたことが報告されている。このようなことは、将来への希望を示す生死観の必要を語っている。

(2) 生死観に求められる臨床的視点

岸本自身には、苦悩する人間や宗教にすがる人間は学問的興味の対象であり研究対象でしかなかった。宗教学は救いを求める人たちの苦悩を分析、記述するが、直接解決することは宗教学の目的ではないといっている。この点については、岸本は医師と医学の基礎研究者の比喩で答えている。「宗教学は純粋なる基礎学としての性格をもつものである。……しかしそれは、原則として、臨床医学の役はしない」という[41]。基礎研究者は基礎的知識は供給するが、直接患者の治療はしないという。この言葉は、岸本の生死観には臨床的視野が欠けていたことを示すものである。岸本の生死観は他者の苦悩を和らげるための生死観にはなっていない。「死は別れのときである」は、私的生死観としての意味はあったが、現代人一般に語りかける生死論にはなっていない。

(3) 臨床生死論のジレンマ

岸本はがんを負いつつ、死の解決を宗教に求めようとしたことはなかったか。先に述べたように、岸本は死後のいのちの継続について言及したことが二回ほどある。前述したように、「私の個人の生命力というものは、私の死後は、大きな宇宙の生命力の中に、とけ込んでしまってゆくと考えるぐらいが、せい一杯であります[42]」と述べたし、また「死とは、この世に別れを告げるときと考える場合には……すでに別れをつげた自分が、宇宙の霊にかえって、永遠の休息に入るだけである。私にとっては、少なくとも、この考え方が、死に対する、大きな転機になっている」と語っている(43)。これは、科学的客観的宗教学を目指し、死後のいのちの継続を否定した岸本の言葉としては違和感をもたせるものである。岸本にも死後のいのちが何らかのかたちで残ってほしいと思う願望があったことを暗示する言葉として解釈できる。ここに、岸本の最大のジレンマが存在したと想像できる。がんを負った苦悩の解決を宗教に求めれば、宗教にすがると批判を受ける。その時点で中立的研究者の立場を放棄することになる。科学的宗教学の構築を目指す者として、宗教には入れなかったのである。

(4) 科学的宗教学者としての自尊心

岸本が最後まで科学的宗教学者であることを選んだのは、彼の自尊心の現れである。現代人として、科学的宗教学を構築する宗教学者になるために自己を実験台にあえて載せる気概を示したのである。その結果、宗教的安心、宗教的希望をあえて放棄した。そこには科学的宗教学者として苦難の道を選択した気概がある。岸本の自負が「宗教の客観的、科学的研究者の立場」を選択させ、「宗教に生きる者の立場」を放棄させた。宗教は本来「宗教に生きる」ことが本質であって、「宗教を研究」することではない。岸本自身は宗教の研究者でありながら、結局、死の解答を得なかったが、ここには彼の使命感のようなものがあったといえないだろうか。

本稿は岸本が残した学問的業績を評価することを目的にはしていない。岸本の開拓した宗教学の研究の意義は大きい。本稿の目的は臨床生死観の必要性と特徴を明らかにすることであった。人生の総決算に応えることのできる生死観は、たとえ既存の宗教に学ばないとしても、目にみえない世界や永遠につながるいのちの絆を視野に入れるものである。それは個人の感性や信じる力を土台にするものである。死と向き合いながら生きる人を支える生死観の特徴が共通認識となることを願う。

注

（1）中村元、福永光司、田村芳朗、今野達、末木文美士編『岩波仏教辞典』第二版、岩波書店、二〇〇二年。

（2）川上武、小池保子、上林茂暢ほか『日本人の生死観』勁草書房、一九九三年、i頁。

（3）生命飢餓感を岸本英夫は次のように書いている。「人間が生命飢餓感に陥るのは、戦場に赴くとか、病気になるとか、自分の生存を続けてゆく見通しが断しきられる場合に限る。……それが起こってくるには、生存の見通が絶望にならなければならない。……癌で手遅れを宣告されるかというような場合である。……心は生命飢餓状態になる。そして生命に対する執着、死に対する恐怖が、筆舌を超えたすさまじさで、心の中に起ってくる」（岸本英夫『死を見つめる心——ガンとたたかった十年間』増補新訂版、講談社、一九七三年、一二頁、講談社文庫）。

（4）岸本英夫『死を見つめる心』、二九—三〇頁。

（5）同上書、三三頁。

（6）同上書、八八頁。

（7）同上書、三七—三八頁。

（8）同上書、四七頁

（9）同上書、二三頁

（10）宮家準『生活のなかの宗教』日本放送出版協会、一九八〇年、一六頁、NHKブックス376。

（11）同上書、一七頁。

（12）同上書、二二頁。

（13）同上。

(14)宮家準「死者と生者の接点——民俗宗教の視点から」『宗教研究』80（4）、二〇〇七年、八一五—八三六頁。
(15)相良亨『日本人の死生観』ぺりかん社、一九八四年、一七四頁。
(16)同上書、一七八頁。
(17)同上書、一七九頁。
(18)同上書、一八三頁。
(19)柳川啓一「信仰のない宗教」『現代日本人の宗教』法藏舘、一九九一年、二〇頁。
(20)同上書、二二頁。
(21)同上書、二三頁。
(22)同上書、二四—二五頁。
(23)脇本平也『死の比較宗教学』岩波書店、一九九七年、二九頁、叢書現代の宗教3。
(24)同上書、三八頁。
(25)同上書、三八—三九頁。
(26)島田裕巳『父殺しの精神史』法藏舘、一九九三年、四八—四九頁。
(27)大町公「岸本英夫のたたかい」『奈良大学紀要』21号、一九九三年、一三—二三頁。
(28)同上書、二一頁。
(29)同上書、二一頁。
(30)近藤勝彦『癒しと信仰』教文館、一九九七年、二三三—二三四頁。
(31)中村みどり「岸本英夫の『死後世界観』——宇宙生命への溶入」『宗教研究』81（3）、二〇〇七年、一〇六頁。
(32)同上書、一一八頁。
(33)竹内整一「日本人の死生観」『死生学研究——特集号　東アジアの死生学へⅡ』東京大学大学院人文系研究科、二〇一〇年、一六—二九頁。

(34) 同上書、二一七頁。

(35) 高見は井上良雄と親交が深かった。高見は井上良雄について次のように述べている。「今度井上良雄の文章を二十五年ぶりによみなおしてみて、私がいかに決定的な影響をうけたか、が改めて納得された。……私の同級生には、禅に赴いた中川宋淵とキリスト教に赴いた井上良雄とがいて、二人の生き方はたえず私の心に（うまく言えぬが）ひっかかっていた」（高見順『高見順　闘病日記（下）』中村真一郎編、岩波書店、一九九〇年、一六九頁）。「昨日、井上君は、死については若いときから考えさせられていたと言った。マルクス主義はその点では何の解決も与えてくれぬ。胸の空洞を満たしてくれぬと言った。……私と同様、子供を失って、強いショックをうけて、いよいよ宗教を考えるようになったと言う。私も由紀子を失って強いショックをうけたが……うけたというだけだった。……井上君は『復活』を信じていて、『そこが一番大切なところです。コリント前書をお読みなさい』と私に言った」（昭和四十年三月十二日、同上書、一八六―一八七頁）。

(36) 高見は中川について次のように書いている。「宋淵さんは一高の同級。法科に行ったはずだが、たしか中途で頭を丸めて坊主になった。学生の多くは左翼に走った当時、彼ひとり禅の道にはいった。えらい奴である。名利をすて、すべてを捨てて仏道にはいった。仏道などというものは、人から軽蔑されていた時代である。現代の坊主への軽蔑から仏道そのものを軽蔑していた。そのとき、彼はひとり、仏道に入った」（昭和三十九年十二月二十五日、『高見順　闘病日記（上）』三二二―三二三頁）。

(37) 高見順『高見順　闘病日記（上）』一七六頁。

(38) 窪寺俊之「スピリチュアル／宗教的ケアの役割と課題――高見順と原崎百子の闘病日記の比較研究」、窪寺俊之編著『スピリチュアルペインに向き合う――こころの安寧を求めて』聖学院大学出版会、二〇一一年、一三七―一九八頁、スピリチュアルケアを学ぶ2。

(39) 岸本英夫、前掲書、一五〇頁。「死は、人間生活の終りである。それは、生涯の総決算を人間に迫る」とある。

(40) 窪寺俊之「金子みすゞの宗教心の機能的分析――「花のたましい」を中心にして」『宗教研究』88（1）、二〇一四年、一―二四頁。
(41) 岸本英夫、前掲書、一六一頁。
(42) 同上書、三八頁。
(43) 同上書、三三頁。

あとがき

本書『希望を支える臨床生死観』は、「臨床死生学研究叢書」の第五巻目であり、本シリーズの最終巻となる予定である。

さて、「臨床死生学研究叢書」の歩みを振り返ると、二〇〇八年、聖学院大学総合研究所の共同研究である「臨床死生学研究」の研究成果をもとに、第一巻『死別の悲しみに寄り添う』が刊行された。つづいて二〇一〇年、グリーフワークを主題にした『死別の悲しみから立ち直るために』が第二巻として、二〇一二年、現代日本における「生と死の教育」を再考した『死別の悲しみを学ぶ』が第三巻として出版された。さらに二〇一三年、東日本大震災を踏まえ、臨床死生学の原点に立ち返るために第四巻『臨床現場からみた生と死の諸相』が編集された。とくに、大震災を体験された当事者による、心の軌跡を描いた論文が寄稿されており、特筆に値する著述である。

先に最終巻となると述べたのは、長年、「臨床死生学研究叢書」の編者であり、執筆者であり、「臨床死生学研究」の研究代表者であった平山正実教授（聖学院大学大学院）が、二〇一三年十二月十八日に急逝されたためである。第五巻目の本書においてもその影響が多大であり、一時出版が危ぶまれた。そこで、ひとつのまとまりとして、シンポジウムの記録をもとに『ヘンリ・ナウエンに学ぶ――共苦と希望』（二〇一四年三月三十一日発行）が先に世に出された。そして、平山先生の死を悼みながら、その遺志を引き継ぐ窪寺俊之教授を編者とし、ようやく本書が刊行される次第である。以上の経過をたどり、研究会の成果は先導者の召天と本書の完結によって一つの区切りを迎えた。しかしながら、混迷した時代に死生学がもたらす知見やグリーフケアはますます必要とされており、学問のさらなる発展を祈りたいと思う。

第一巻の冒頭で、平山先生は臨床死生学を学ぶ立場を明確にしている。すなわち、臨床医として心悩む人々の癒やしのために少しでも貢献したいという動機である。平山先生にとって死生学は単に研究するための領域ではなく、医療や福祉の現場で生と死の諸相を考え実践に生かす総合的な学問体系であった。また、臨床死生学は臨床知を解明する学問であるともいい、中村雄二郎氏の理論(『臨床の知とは何か』岩波新書、一九九二年)をもとにして、「患者や家族など二人称としての他者や現実状況など三人称的場の中に秘められている関係性や隠された意味を探ること」と定義している。このような臨床知の獲得を目指した研究叢書は、日本における悲嘆研究の第一人者であった平山先生の信念によって編み出されたメッセージである。生涯一臨床医であることを貫いた信仰者は、常に神への謙遜を語り自己開示を好まなかった。しかしながら、それぞれの研究叢書には医療現場で生と死の問題に立ち向かうための言葉が埋め込まれている。一つ一つの言葉の内に、死生学を開拓した師の精神が宿っていると思う。

本書に収められた「平山正実の医療哲学——キャリーという共苦の思想」という論文は、平山先生の業績を俯瞰し、その人生観をまとめた初めての論文である。詳細はそれに譲るが、ここでも簡単にご生涯を振り返っておきたいと思う。平山先生は、一九三八年、東京都に生まれ、一九六五年に横浜市立大学医学部を卒業した。その後、精神医学を専攻し、東京医科大学医学部神経精神医学教室島薗安雄氏や宮本忠雄氏に師事した。勤務医として臨床に携わりながら、土地や文化、宗教などによって影響される精神症状について注目し、数多くの報告を行っている。臨床医として研鑽を積んだあと、一九七四年、自治医科大学の精神医学教室に講師として赴任した。一九八二年には哲学科と兼任するかたちで助教授に就任し、教育の根幹である医療哲学を担当した。医学生を一人前に育てるための医学教育の中心にすえた思想は、医師として治療を行うだけでなく、苦難の中で悲しみを抱える人々を支えるための哲学であった。悲しみをとおして人間は成長できることを学生に説き、さらに悲嘆研究に積極的に関わっていくようになった。一九八九年、心病む人々を支えるために「キリスト教メンタル・ケア・センター」を立ち上げた。一九九二年には「北千住旭クリニック」を開設した。一九九三年、東洋英和女学院大学大学院教授に就任し、臨床死生学、精神医学、生命倫理を担当した。そして、二〇〇六年、聖学院大学大学院人間福祉学研究科の一分野に臨床死生学分野という科目群が設けられ、同大学大学院教授に就任した。臨床死生学やグリーフケアの講義を担当し、学問の発展に寄与した。

ところで、平山先生の精神科医としての基盤には、大学時代に遭遇したクリスチャンの親友の自死があったという。親友の遺書、死の数時間前に投函された手紙の中に、「わたしのような心を病んでいる人を助けるような仕事をしてください」という言葉が遺されており、それを真摯に受け止めたと平山先生は告白している。そのような喪失体験を踏まえ、精神科医、信仰者、そして親友の自死を担う者としての姿勢を常に大切にしてきたのである。半世紀以上精神医療に携わり、精神疾患を患う人々の生活に視座を置き、二十年以上にわたってデイケアや訪問支援、家族会など地域精神医療に尽力し、地域の方々との共生を目指した。また、自死予防とともに、遺された家族へのいわれなき非難を知り、遺族支援を重要視した。二〇〇一年、NPO法人「グリーフケア・サポートプラザ」理事長、二〇〇四年、「自死遺族ケア団体全国ネット」代表として、さらに尽力した。平山先生が病を担う方々と寄り添い、自身も病と闘いながら、信念をもってかかわりつづけたことを忘れてはならないであろう。

二〇一三年十月二日、聖学院大学に訪れた最後の日、平山先生は「心病む方々のために残された人生を全うしたい」という決意を各関係者に伝えた。その後、病状が悪化し入院を余儀なくされたが、足立区北千住に立ち上げられた「地域活動支援センターかなめ」の運営や、障がいのある方々の自立支援の方策などを模索しつづけた。にわかには信じられないことだが、抗がん剤治療を受けながらも、「かなめ」の設立のために病院を抜け出し、住民説明会を行うこともあったと聞く。死の淵を歩んでいても気力が衰えることはなく、並々ならぬ執念を感じた。その後ろ姿は、愛唱聖句であったヨハネの黙示録二章一〇節「死に至るまで忠実であれ」のとおり、苦難を担う神の僕そのものであった。

二〇一四年一月十一日、記念式において、平山静栄夫人は先生が日頃大切にしていたマルティン・ルターの言葉「明日、世界が滅びようとも、私は今日、林檎の木を植える」を引用され、式を締めくくられた。平山先生は病を担うイエスにならい、共に病める人として病者に仕え、患者さんの苦悩の中にある神の救いを明らかにしようとした。全身全霊をかけて、「上への超越」である治療とともに、「下への超越」である共苦をもって病者の救いのとりなしを果たそうとした平山先生の姿勢は、医療者の誇りである。

最後に、本書がまとめられるにあたり、編者を担当してくださった窪寺俊之教授、ご尽力くださった聖学院大学出版会木下元氏、大変な編集を担ってくださった花岡和加子氏に感謝を申し上げたい。また、背後で祈ってくださった学校法人聖学院理事長・聖学院大学出版会会長阿久戸光晴教授、そして、支えてくださった平山静栄夫人に心からの感謝を表したい。

相模原赤十字病院医師
黒鳥　偉作

【付　記】

聖学院大学総合研究所共同研究「臨床死生学研究」は以下のように行われ、その研究成果がまとめられている。

二〇一二年度　研究講演会・他（以下、各肩書は当時のものである）

（1）二〇一二年七月十三日

臨床死生学研究講演会「信仰者にとっての心の病」、関根義夫（元社会福祉法人賛育会賛育会病院院長）、聖学院大学教授会室、参加者一〇〇名。本書第Ⅰ部八五―一〇九頁。

（2）二〇一二年十一月二十三日、二十四日

日本臨床死生学会第一八回大会「スピリチュアルケアの実現に向けて――理論・実践・制度」、女子聖学院中学校・高等学校、参加者二〇〇余名（二日間延）。スピリチュアルケアを学ぶ4『スピリチュアルケアの実現に向け

て「第18回日本臨床死生学大会」の取り組み』（聖学院大学出版会、二〇一三年十月十二日発行）
大会長：窪寺俊之（聖学院大学大学院教授、人間福祉学部こども心理学科長、教授）
企画委員：葛西賢太（宗教情報センター研究員）／小森英明（浄土真宗高田派僧侶、武蔵野大学仏教研究所研究員）／三澤久恵（人間総合科学大学教授）／林　章敏（聖路加国際病院ホスピス医長）／松田　卓（亀田総合病院緩和ケアチャプレン）／原　敬（さいたま赤十字病院緩和ケア部長）／大西秀樹（埼玉医科大学国際医療センター）／種村健二朗（杏雲堂病院緩和ケア顧問）／本郷久美子（三育学院大学看護学部長）／平山正実（聖学院大学人間福祉学部こども心理学科教授）／藤掛　明（聖学院大学人間福祉学部こども心理学科准教授）／松本　周（聖学院大学総合研究所助教）／竹渕香織（聖学院大学基礎総合教育課程助教）／豊川　慎（聖学院大学総合研究所特任研究員）／山本俊明（聖学院大学学事局長）
実行委員（聖学院大学）：窪寺俊之、平山正実、藤掛　明、松本　周、竹渕香織、木村美里、豊川　慎、山本俊明、聖学院大学総合研究所
（敬称略）

（3）二〇一二年十一月二十七日
臨床死生学研究講演会「遅れてくる了解——われわれの命に再生はあるか」、大貫　隆（自由学園最高学部長／東京大学名誉教授）、聖学院大学教授会室、参加者四三名。本書第Ⅰ部五五—八三頁。

（4）二〇一三年二月十三日
臨床死生学研究シンポジウム「ヘンリー・ナウエンに学ぶ苦しみと希望——祈り、共苦、コミュニティ」、大塚

野百合（恵泉女学園大学名誉教授）、小渕春夫（出版社あめんどう代表）、平山正実（聖学院大学大学院教授）、聖学院大学四号館四一〇一教室、参加者一四〇名。『ヘンリ・ナウエンに学ぶ――共苦と希望』（聖学院大学出版会、二〇一四年三月三十一日発行）

二〇一三年度　研究講演会

（1）二〇一三年九月二十日
臨床死生学研究講演会「がん哲学外来」、樋野興夫（順天堂大学医学部病理・腫瘍学教授）、聖学院大学教授会室、参加者六一名。すでに素晴らしい著書が多数出版されており、また紙数の制約もあり、本書には収録することができなかった。

（2）二〇一三年十二月十七日
臨床死生学研究講演会「こころの健康とたましいの健康」、石丸昌彦（精神科医、放送大学教授）、聖学院大学教授会室、参加者七一名。本書第Ⅰ部九―五四頁。

今後も「臨床死生学研究」が新たに続けられることとなれば、その研究成果をまとめ、皆様にお伝えしていきたいと考えている。

聖学院大学出版会編集部

ローム図書、2005年)、『一キリスト者として東日本大震災を考える』(キリスト教図書出版社、2012年)、『イスラエル　その光と影――わたしのイスラエル旅行記』(敬和プリント、2013年)。

黒鳥　偉作(くろとり　いさく)
2009年自治医科大学医学部卒業。神奈川県立足柄上病院にて初期臨床研修後、2011年より相模原赤十字病院内科にて勤務。日本キリスト教団戸塚教会補教師。2013年聖学院大学大学院にて平山正実の臨床死生学研究およびグリーフケア特論を補佐。
〔著書〕『イノチを支える――癒しと救いを求めて』黒鳥偉作・平山正実対話集(共著、キリスト新聞社、2013年)、『臨床現場からみた生と死の諸相』(共著、聖学院大学院出版会、2013年)、『ヘンリ・ナウエンに学ぶ――共苦と希望』(共著、聖学院大学院出版会、2014年)。

る方々に対して、信徒・精神科医としての立場から援助にあたっている。
〔著書・訳書〕Philip G. Janicak『根拠にもとづく精神科薬物療法』（共訳、メディカル・サイエンス・インターナショナル、2000年）、『統合失調症とそのケア』（キリスト新聞社、2010年）、『精神医学特論』（共編著、放送大学教育振興会、2010年）、『今日のメンタルヘルス』（編著、放送大学教育振興会、2011年）、『死生学入門』（編著、放送大学教育振興会、2014年）。

大貫　隆（おおぬき　たかし）
1968年一橋大学社会学部卒業、東京大学大学院人文科学研究科西洋古典学専門課程修士課程修了、同博士課程単位取得退学。その間、ミュンヘン大学神学部に留学（1974〜79年）、学位取得（神学博士）。1980年より東京女子大学文理学部専任講師、同助教授。1991年より東京大学教養学部助教授、大学院総合文化研究科教授。その間2005〜06年度、大学院総合文化研究科地域文化研究専攻長。現在、私立自由学園最高学部長、東京大学名誉教授。
〔著書・訳書〕『福音書研究と文学社会学』（1991年）、『福音書と伝記文学』（1996年）、『ナグ・ハマディ文書』（共訳、全4巻、1997—1998年）、『グノーシスの神話』（1999年）、『グノーシス考』（2000年）、『イエスという経験』（2003年、ドイツ語版 2006年、英語版 2009年）、『イエスの時』（2006年）、『グノーシス「妬み」の政治学』（2008年）、『聖書の読み方』（2010年）、『グノーシスの変容』（共訳、2010年）（日本語のものは、すべて岩波書店）。ほか多数。

関根　義夫（せきね　よしお）
1940年群馬県前橋生まれ。東京大学医学部医学科卒業。精神科医として日本赤十字社小川総合病院精神科、国立精神神経センター武蔵病院等勤務を経て、1989年から東京大学医学部助教授、同医学部付属病院分院神経科長、2001年同大学を定年退職、国際医療福祉大学臨床医学研究センター教授、2005年社会福祉法人賛育会賛育会病院副院長、2006年7月より同病院長、2012年1月末に同病院を退職。医学博士。
学生の頃、精神的彷徨の中に矢内原忠雄の書物に出会い、内村鑑三、無教会を知り、以後政池仁聖書研究会に属す。1991年自ら浦和キリスト集会をスタートさせ、その主宰者として聖日礼拝を守り現在に至る。同時に伝道パンフレット「パラクレートス」を発行、2014年7月現在280号。
〔著書〕『一精神科医として生きる』（キリスト教図書出版社、1999年）、『臨床精神医学の経験から』（創造出版、2001年）、『精神分裂病——臨床と病理3』（編著、人文書院、2001年）、『恵みによりキリストにより聖書により』（シャ

執筆者紹介（掲載順）

窪寺　俊之（くぼてら　としゆき）
1939年生まれ。博士（人間科学、大阪大学）。埼玉大学卒業（教育学部）、東京都立大学大学院（臨床心理学）に学ぶ。米国エモリー大学神学部卒（神学）、コロンビア神学大学大学院卒（牧会学）。米国リッチモンド記念病院（ヴァージニア州）と淀川キリスト病院（大阪市）でチャプレン（病院付牧師）。イーストベイ・フリーメソジスト教会牧師（米国、サンフランシスコ市）。関西学院大学神学部教授を経て、現在、聖学院大学人間福祉学部教授（こども心理学科長）、聖学院大学大学院教授。日本臨床死生学会常任理事、スピリチュアルケア学会常任理事、日本神学会会員、日本福音主義神学会会員、実践神学の会会員、日本ホスピス・緩和ケア研究振興財団評議員。
〔著書〕『スピリチュアルケア入門』（三輪書店）、『スピリチュアルケア学序説』（同）、『スピリチュアルケア学概説』（同）、『スピリチュアルケアを語る――ホスピス、ビハーラの臨床から』（共著、関西学院大学出版会）、『続・スピリチュアルケアを語る――医療・看護・介護・福祉への新しい視点』（共著、同）、『緩和医療学』（共著）、『死生論』（共著、メンタルケア協会）、『系統看護学講座　別巻10　ターミナルケア』（共著、医学書院）、『癒やしを求める魂の渇き』（編著、聖学院大学出版会）、『スピリチュアルペインに向き合う』（編著、同）、『スピリチュアルコミュニケーション』（編著、同）、『スピリチュアルケアの実現に向けて』（編著、同）、『愛に基づくスピリチュアルケア』（編著、同）など。
〔訳書〕シャロン・フィッシュ、ジュディス・シェリー『看護の中の宗教的ケア』（共訳、すぐ書房）、D・D・ウィリアムズ『魂への配慮』（訳、日本基督教団出版局）、モーリス・ワイルズ『神学とは何か』（訳、新教出版社）、ルース・L・コップ『愛するものが死にゆくとき』（共訳、相川書房）、など。

石丸　昌彦（いしまる　まさひこ）
東京大学法学部、東京医科歯科大学医学部卒業。精神科医。東京、大分、福島などで精神科病院勤務の後、東京医科歯科大学難治疾患研究所にて統合失調症の成立機序に関する研究等に従事。1994～97年、米国ミズーリ州ワシントン大学精神科留学。2000年より桜美林大学にて精神保健福祉士や臨床心理士の養成にあたる。2008年より放送大学教授。CMCC（キリスト教メンタル・ケア・センター）理事。日本基督教団柿ノ木坂教会会員。放送大学でメンタルヘルス関連科目を担当するかたわら、教会内外のメンタルヘルス上の問題を抱え

希望《きぼう》を支《ささ》える臨床生死観《りんしょうせいしかん》　臨床死生学研究叢書　5

2015年 2 月16日　初版第 1 刷発行

編著者　窪　寺　俊　之

発行者　阿　久　戸　光　晴

発行所　聖 学 院 大 学 出 版 会

〒362-8585　埼玉県上尾市戸崎 1 番 1 号
TEL 048-725-9801／FAX 048-725-0324
E-mail: press@seigakuin-univ.ac.jp
HP: http://www.seigpress.jp/

ISBN978-4-907113-13-1　C3311

（価格は本体価格）

〈臨床死生学研究叢書1〉
死別の悲しみに寄り添う
平山正実 編著

子どもや愛する家族を失った悲しみ、事故や戦争で家族を亡くした悲嘆にどのようにかかわり、悲しみからの回復へ寄り添うケアが可能なのか。さまざまなケーススタディを通して、遺族に向き合う従事者に求められる「グリーフケア」の本質を論じる。著者は精神科医、終末期医療にかかわる看護師など、援助活動に携わる方々である。日本人の死生観をめぐる臨床死生学研究叢書の第一巻。

A5判 三四〇〇円
978-4-915832-76-5（2008）

〈臨床死生学研究叢書2〉
死別の悲しみから立ち直るために
平山正実 編著

愛する家族や友人を病気や事故で失った人々が、その悲しみをどのように受け止め、悲しみから立ち直ることができるのか。本書は「死別の悲しみからの回復の作業」、つまり「グリーフワーク」を主題に編集されている。医師として看護師として、また精神科医として死別の悲しみに寄り添う方々が、臨床の場で考察を深め、多様で個性あるグリーフワークの道筋を語る。

A5判 四〇〇〇円
978-4-915832-83-3（2010）

〈臨床死生学研究叢書3〉
死別の悲しみを学ぶ
平山正実 編著

本書は実際にさまざまな現場で働く人々にとって、「生と死の教育」がなぜ必要なのか、また、その教育をどのように行ったらよいのかといった課題に答えるために編まれている。第Ⅲ部「大学における死生学教育の展開」には、日本や英米の死生学の歴史や定義、臨床死生学の位置づけ、死生学を教える対象と内容、範囲などが記されており、「生と死の教育」という学問の基本的枠組みを知ることができる内容となっている。

A5判 四〇〇〇円
978-4-915832-91-8（2012）

〈臨床死生学研究叢書4〉
臨床現場からみた生と死の諸相

平山正実　編著

本書は、臨床現場において生ずる医療的問題は勿論のこと、それに付随する日常生活の問題、医療構造に関する事柄、死の不安や悲しみの中にある人々の心理的苦悩や宗教的な問題など、生と死をめぐる諸問題を、多様な職種の専門家が、自らの知識、経験、技術、信念に基づいて、解明しようとする論文を収めている。第Ⅲ部には、東日本大震災で教え子を亡くした教員とその教え子の遺族が文通することによって、双方が「グリーフケア」とは何かということを学び合った心の軌跡を描いた論文を所収。

A5判　四〇〇〇円
978-4-907113-03-2（2013）

ヘンリ・ナウエンに学ぶ
共苦と希望

平山正実
堀　　肇　編著

ヘンリ・ナウエンは現代人の孤立・孤独・霊的渇きをどう理解し、それに応えるためにどのようにアプローチしたか。彼の私たちへのコミュニケーションのスタイルは何か。どうしてそれが私たちの魂を奪い、感動を与えるのか。素晴らしい著作群の背後にある創作の秘密をさぐる。ナウエンの霊性や思想の理解、相手と影響し合うコミュニケーション方法の理解に役立つ一冊となっている。

A5判　一八〇〇円
978-4-907113-08-7（2014）

愛に生きた証人たち
聖書に学ぶ

金子晴勇
平山正実　編著

本書は、聖学院大学生涯学習センターによって二〇〇六～二〇〇七年の二年間にわたって行われた、聖書講座「聖書の人間像」において語られたものを、講師の方々にまとめていただいたものである。内容は一般の人々にも理解できる範囲にとどめている。「愛は多様な人間関係の中に生きて働く生命である」ことを、聖書の人物により証しする。

四六判　二四〇〇円
978-4-915832-82-6（2009）

〈スピリチュアルケアを学ぶ1〉

癒やしを求める魂の渇き

スピリチュアリティとは何か

窪寺俊之編著

終末期医療の中で、医学的に癒やすことのできないスピリチュアルペインが問題となっている。スピリチュアルという、精神世界や死後の世界への関心なども含む幅広い概念の中から、スピリチュアルの意味を探り、終末期におけるスピリチュアルケアの対象とする世界を描き出す。シリーズ続巻の理解のための基礎知識となる、島薗進「スピリチュアリティの現在とその意味」を所収。

A５判　一八〇〇円

978-4-915832-90-1（2011）

〈スピリチュアルケアを学ぶ2〉

スピリチュアルペインに向き合う

こころの安寧を求めて

窪寺俊之編著

本書には日本的視点からスピリチュアルケアの本質に迫ったカール・ベッカー氏の「医療が癒やせない病――生老病死の日本的なスピリチュアルケア」、また、亀田総合病院の西野洋氏が自身のスピリチュアルペインに向き合う体験をもとに医療の本質を述べた「一臨床医のナラティブ」が収録されている。私たちが気づかなかった自分自身の根底にあるスピリチュアルなものを見いだすきっかけを与える内容となっている。

A５判　二二〇〇円

978-4-915832-94-9（2011）

〈スピリチュアルケアを学ぶ3〉

スピリチュアルコミュニケーション

生きる希望と尊厳を支える

窪寺俊之編著

第Ⅰ部の林章敏「スピリチュアルコミュニケーション」では、臨床現場を視野に入れた具体的コミュニケーションの問題が、清水哲郎「希望・尊厳・スピリチュアル」では、希望と尊厳を支える基本となる人間のとらえ方が、西平直「無心とスピリチュアリティ」では、スピリチュアルケアを実践するための基本的姿勢（ゼロポイント）がわかりやすくまとめられている。第Ⅱ部に窪寺俊之「スピリチュアルケアと自殺念慮者へのケア」、中井珠恵「医療および看護学のスピリチュアルアセスメントの特徴と問題点」を所収。

A５判　二二〇〇円

978-4-907113-02-5（2013）

〈スピリチュアルケアを学ぶ4〉

スピリチュアルケアの実現に向けて

「第18回日本臨床死生学会大会」の取り組み

窪寺俊之編著

本書は二〇一二年一一月二三日・二四日に開催された「第18回日本臨床死生学会大会」（大会テーマ「スピリチュアルケアの実現に向けて――理論・実践・制度」）における四つのシンポジウムの内容をまとめたもの。収録された論稿は、スピリチュアルケアにかかわる多職種の方々によって、人生の危機にある人への温かいケアの実現に向かって知恵を出し合い、明日の臨床に役立つスピリチュアルケアが構築されること願って書かれている。

A5判　二三〇〇円

978-4-907113-05-6（2013）

〈スピリチュアルケアを学ぶ5〉

愛に基づくスピリチュアルケア

意味と関係の再構築を支える

窪寺俊之編著

第Ⅰ部にはホスピスケアの諸実践の報告、山形謙二「新しい人生の希望――ホスピス医療の現場から」、山崎章郎「ホスピスケアの目指すもの――ケアタウン小平の取り組み」、川越厚「在宅ホスピスケアと医の原点」を、第Ⅱ部にはスピリチュアルケアの普及を目指す二論文、小森英明「スピリチュアリティの架橋可能性をめぐって」、窪寺俊之「スピリチュアルアセスメントとしてのヒストリー法――『信望愛』法の可能性」を所収。

A5判　二三〇〇円

978-4-907113-10-0（2014）

〈福祉の役わり・福祉のこころ１〉

福祉の役わり・福祉のこころ

阿部志郎　著

横須賀基督教社会館元館長・神奈川県立保健福祉大学前学長、阿部志郎氏の講演「福祉の役わり・福祉のこころ」と対談「福祉の現場と専門性をめぐって」を収録。福祉の理論や技術が発展する中で、ひとりの人間を大切にするという福祉の原点が見失われている。著者はやさしい語り口で、サービスの方向を考え直す、互酬を見直すなど、いま福祉が何をなさなければならないかを問いかけている。感性をみがき、「福祉の心と専門知識に裏打ちされた専門人」をめざしてほしい。

Ａ５判ブックレット　四〇〇円

978-4-915832-78-9 (2008)　【品切】

〈福祉の役わり・福祉のこころ２〉

与えあうかかわりをめざして

阿部志郎
長谷川匡俊
濱野一郎　著

本書は、「福祉」の原義が「人間の幸福」であることから、人間にとってどのような人生がもっとも幸福で望ましいものか、またそのために福祉サービスはどのようにあるべきかを、福祉に長年携わっている著者たちが論じたもの。阿部志郎氏は、横須賀基督教社会館館長として「愛し愛される人生の中で」と題し、長谷川匡俊氏は、淑徳大学で宗教と福祉のかかわりを教育する立場から「福祉教育における宗教の役割」と題し、濱野一郎氏は、横浜寿町での福祉センターの現場から「横浜市寿町からの発信」と題して、「福祉とは何か」を語りかける。

Ａ５判ブックレット　六〇〇円

978-4-915832-87-1 (2009)

〈福祉の役わり・福祉のこころ 3〉

とことんつきあう関係力をもとに

岩尾貢
平山正実 著

日本認知症グループホーム協会副代表理事であり、指定介護老人福祉施設サンライフたきの里施設長である岩尾貢氏による「認知症高齢者のケア」、北千住旭クリニック精神科医であり、聖学院大学総合研究所・大学院教授の平山正実氏による「精神科医療におけるチームワーク」を収録。福祉の実践における人へのまなざしとはどのようなものであるべきか。人間の尊厳、一人一人の生きがいが尊重される実践となるよう、共に暮らす人として相互主体的にかかわることに、最も専門性が要求されることが語られる。

A5判ブックレット 六〇〇円
978-4-915832-89-5 (2010)

〈福祉の役わり・福祉のこころ 4〉

みんなで参加し共につくる

岸川洋治
柏木昭 著

福祉の実践が「人間の尊厳、一人一人の生きがいが尊重される実践」となるためには、新しいコミュニティの創造に取り組むべきなのではないだろうか。横須賀基督教社会館館長の岸川洋治氏は「住民の力とコミュニティの形成」と題して、社会館の田浦の町におけるコミュニティセンターとしての意義を、日本の精神保健福祉に長年尽力し、聖学院大学総合研究所名誉教授・人間福祉スーパービジョンセンター顧問でもある柏木昭氏は「特別講義──私とソーシャルワーク」の中で、ソーシャルワークにかかわる自らの姿勢と、地域における「トポスの創出」とクライエントとの協働について語る。

A5判ブックレット 七〇〇円
978-4-915832-92-5 (2011)

〈福祉の役わり・福祉のこころ5〉
生きがいを感じて生きる

日野原重明　著

前半の「なぜホスピスが必要か」は、二〇〇八年一一月七日の講演をもとに、後半の「いのちの教育」は、二〇一二年五月一七日の講演をもとにまとめられている。本書には、自分の人生をしっかりと受け止め、人生を後悔しないための、また、世界の平和を築く人になるための人生の手本、模範が日野原重明先生によって示されている。多くの若者に自分の人生を考える刺激を与え、大人にも、自分自身の人生を振り返りながら、残された人生をどのように生きるかを考える機会を与える内容となっている。

A5判ブックレット　七〇〇円
978-4-915832-99-4　(2012)

〈福祉の役わり・福祉のこころ6〉
「いま、ここで」のかかわり

石川到覚
柏木昭　著

石川到覚氏の「宗教と福祉」には、仏教における人間観、仏教福祉の援助にかかわる実践理念と仏教ソーシャルワークの再構築への試みが語られており、柏木昭氏の「特別講義　人間福祉スーパービジョン」は、四〇年以上にわたるグループスーパービジョンの継続・実践の経験に裏打ちされた内容。一見、異なる考察のように感じられるが、両者とも福祉における「いま、ここで」のかかわりについての考察である。共感から出発して寄り添い、協働していく福祉の姿勢が求められる。

A5判ブックレット　七〇〇円
978-4-907113-01-8　(2013)